评价引领
素养形成

小学数学评价新思考

林伟育 著

哈尔滨出版社
HARBIN PUBLISHING HOUSE

图书在版编目(CIP)数据

评价引领　素养形成：小学数学评价新思考 / 林伟育著. -- 哈尔滨：哈尔滨出版社，2025. 4. -- ISBN 978-7-5484-8483-7

Ⅰ. G623.502

中国国家版本馆CIP数据核字第20253FK390号

书　　名：评价引领　素养形成——小学数学评价新思考
　　　　　PINGJIA YINLING SUYANG XINGCHENG——XIAOXUE SHUXUE PINGJIA XIN SIKAO

作　　者：林伟育　著
责任编辑：李金秋
装帧设计：领航明师

出版发行：哈尔滨出版社（Harbin Publishing House）
社　　址：哈尔滨市香坊区泰山路82-9号　　邮编：150090
经　　销：全国新华书店
印　　刷：北京鑫益晖印刷有限公司
网　　址：www.hrbcbs.com
E－mail：hrbcbs@yeah.net
编辑版权热线：（0451）87900271　87900272
销售热线：（0451）87900202　87900203

开　　本：787mm×1092mm　1/16　印张：15　字数：243千字
版　　次：2025年4月第1版
印　　次：2025年4月第1次印刷
书　　号：ISBN 978-7-5484-8483-7
定　　价：58.00元

凡购本社图书发现印装错误，请与本社印制部联系调换。
服务热线：（0451）87900279

序言 PREFACE

在教育领域，小学数学教育作为基础教育的重要组成部分，其教学质量和评价体系，对于培养学生的数学素养和综合能力具有至关重要的作用。近年来，随着教育理念的不断革新和教育改革的深入推进，核心素养已成为引领教育发展的关键词。教育教学实践研究表明，核心素养的培育对于提升学生综合素质、增强其社会适应能力及促进其终身发展具有深远的意义。核心素养，简而言之，是指学生在接受相应学段教育的过程中，逐步形成的适应个人终身发展和社会发展需要的必备品格与关键能力，它涵盖了知识、技能、情感、态度、价值观等多方面的要求。在小学阶段，核心素养覆盖了数感、量感、符号意识、运算能力、几何直观、空间观念、数据意识、推理意识、模型意识、应用意识、创新意识等。小学生数学核心素养的养成，是每名学生迈向成功人生不可或缺的基石。

然而，审视小学数学评价方式的现状，我们不难发现，传统的单一知识评价方式已难以适应教育发展的需求。这一评价方式过分注重知识记忆与应试技能，忽略了对学生思维能力、创新能力、团队协作能力等综合素养的培养。这一问题在多份教育研究报告中得到了印证，凸显了改革评价体系的紧迫性。因此，探索并建立一套基于核心素养的小学数学评价策略，已成为当前教育改革的重要任务。

本研究旨在打破传统评价模式的束缚，构建一套科学、全面的评价体系，以真实反映学生的数学学习情况，发掘他们的潜能并了解他们的不足，从而为每位学生提供更加个性化的教育引导。我们深知，评价不是目的，而是手段。我们希望通过科学、全面的评价激发学生对数学的兴趣，培养他们的数学思维和解决问题的能力。因此，本研究不仅关注学生对数学知识掌握的情况，更重视对他们思维能力、创新能力、解决问题能力等综合素质的全面评价。

本书从核心素养的解读入手，深入剖析了核心素养与小学数学教学的内在联系。我们探讨了核心素养在小学数学教学中的具体体现及如何通过数学教学有效培养学生的核心素养。同时，我们也揭示了传统评价方式存在的问题与不足，如过分注重知识记忆、忽视学生个体差异、评价方式单一等。这些问题不仅影响了对学生综合素质的培养，也制约了小学数学教学的进一步发展。因此，我们提出了基于核心素养的小学数学评价理念。这一理念强调以学生发展为中心，坚持多元化、全面性的评价原则，同时注重过程与结果的有机结合。我们认为，评价应该关注学生的个体差异，尊重他们的多元智能发展，通过多元化的评价方式全面反映学生的数学学习情况。我们也认为，评价应该注重过程与结果的结合，既关注学生的学习成果，也关注他们在学习过程中的表现和进步。在本书中，我们详细构建了基于核心素养的小学数学评价体系。这一体系涵盖了课堂评价、作业与测试评价、实践活动评价等多个环节，力求评价得科学、合理、有效。在课堂评价方面，我们提出了课堂观察与实时反馈的策略，通过观察学生在课堂上的表现和行为，及时给予他们反馈和指导。在作业与测试评价方面，我们注重作业设计的多样性和创新性及测试内容与形式的创新策略，旨在通过多样化的作业和测试方式全面评价学生的数学学习情况。在实践活动评价方面，我们关注学生在实践活动中的表现和成长，制定了相应的评价标准和方法。

本书是对小学数学教育评价改革的一次深入思考与探索，希望通过这样的努力为小学数学教育的进步贡献一份力量。同时也期待与广大教育工作者携手共进，共同探讨和完善这一评价策略，为学生的成长创造更加优越的教育环境。我们相信，只有不断改革和完善评价体系，才能更好地促进学生的全面发展，提高他们的核心素养，为他们未来的学习和生活奠定坚实的基础。

在教育的征途中，教师既是探索者也是铺路石，愿所有教师的努力能为学生的未来铺就一条宽广的道路，引领他们走向更加辉煌的明天。现在请您随我们一同翻开这本书，共同揭开基于核心素养的小学数学评价策略的神秘面纱。

目录

第一章 核心素养下的小学数学 … 1
- 第一节 解读小学数学教学中的核心素养维度 … 2
- 第二节 核心素养与教学评价的互动关联 … 11
- 第三节 传统评价方式存在的问题与不足 … 17

第二章 基于核心素养的小学数学评价理念 … 25
- 第一节 以学生发展为中心的评价理念 … 26
- 第二节 多元化、全面性的评价原则 … 32
- 第三节 重视过程与结果相结合的评价导向 … 40
- 第四节 基于学业质量标准的评价要求 … 47

第三章 基于核心素养的小学数学评价体系构建 … 55
- 第一节 构建原则与基本框架 … 56
- 第二节 具体指标及其内涵 … 68
- 第三节 实施策略与方法 … 77

第四章　小学数学课堂评价策略 ················· **83**
  第一节　课堂观察与实时反馈 ················· **84**
  第二节　学生自评与互评 ··················· **99**
  第三节　教师评价与激励 ··················· **108**

第五章　小学数学作业与测试评价策略 ············· **117**
  第一节　作业设计原则与评价方法 ··············· **118**
  第二节　测试内容与形式创新策略 ··············· **131**
  第三节　成绩分析与反馈机制构建 ··············· **144**

第六章　小学数学实践活动评价策略 ··············· **155**
  第一节　实践活动类型及其特点分析 ·············· **156**
  第二节　实践活动中的学生表现评价标准制定 ·········· **174**
  第三节　教师指导与家长参与方式探讨 ············· **182**

第七章　小学数学教师专业发展与评价能力提升 ········ **203**
  第一节　教师专业素养对评价工作的影响分析 ·········· **204**
  第二节　教师评价能力的组成 ················· **211**
  第三节　提升教师评价能力的策略 ··············· **222**

后　　记 ····························· **229**

参考文献 ···························· **231**

第一章 核心素养下的小学数学

在知识的海洋中，数学像一座神秘的岛屿，蕴含着无尽的智慧与奥秘。而小学数学教学，便是引领学生探索这座岛屿的启航之旅。在这个探索过程中，核心素养如同指南针，指引着学生在数学的海洋中不迷失方向，稳健前行。

当我们深入探讨小学数学教学中的核心素养时，不得不提及其与教学评价的紧密关系。教学评价，是检验教学效果、了解学生学习状况的重要手段。而核心素养的培养，正是教学评价的重要内容和目标。二者之间的互动关联，如同舞蹈中的舞者与音乐，相互依存，相互促进。在核心素养的指引下，教学评价不再局限于单一的知识技能考核，而是更加注重学生的全面成长与深度发展，关注他们的思维品质、情感态度和实践能力。

在这个变革的时代，我们期待着每一位教育工作者都能成为学生在数学海洋航行中的良师益友。接下来，我们将深入解读小学数学教学中的核心素养，探讨其与教学评价的互动关联，并剖析传统评价方式存在的问题与不足。希望通过我们的探讨，能为小学数学教学带来新的启示和思考。

第一节　解读小学数学教学中的核心素养维度

在《义务教育数学课程标准（2022年版）》的指引下，小学数学教学致力于培养学生的数学核心素养，这涵盖了数学抽象、逻辑推理、数学建模、直观想象、数学运算及数据分析能力等多个维度，旨在通过循序渐进、实践启发和全面培养的教学策略，不仅让学生掌握数学知识技能，更激发他们的创新思维与培养问题解决能力，实现教育的真正价值，即通过数学教育，培育出具备高度数学素养的学生，使其适应未来社会的多元需求。

一、数学核心素养的界定

在《义务教育数学课程标准（2022年版）》中，数学核心素养的界定显得尤为关键。这一素养不仅关乎数学知识的掌握，更涉及学生在学习数学过程中所形成的正确价值观、必备品格和关键能力。

数学核心素养体现了学生在数学学习过程中逐步塑造的价值观。数学，作为一门严谨的学科，它要求学生具备求真务实的态度。每一个公式、每一个定理，都需要经过严格的证明才能被接受。对真实的追求也会潜移默化地影响学生的价值观，使他们在日常生活中也坚持真实、客观的态度。

数学核心素养还涉及一系列必备品格的培养。在学习数学的过程中，学生需要不断地挑战自己，面对难题不退缩，这种坚韧不拔的精神是数学学习中必不可少的。数学中的逻辑推理和证明也要求学生具备严谨、细致的品质。

数学核心素养还注重关键能力的培养，这里的关键能力不仅是数学运算、逻辑推理等基本技能，更是学生运用数学知识解决实际问题的能力。在现实生活中，很多问题都需要用数学知识进行建模、分析和求解。

二、数学核心素养的意义

培养学生的数学核心素养,对于他们的未来具有深远的意义。这不仅仅是因为数学核心素养能够提高学生的数学成绩,更重要的是它为学生未来的发展打下了坚实的基础。

数学核心素养能够帮助学生更好地理解和掌握数学知识。数学,作为一门基础学科,其知识体系庞大而复杂。然而,培养学生的数学核心素养可以使他们更加深入地理解数学的基本概念和原理,从而更好地掌握数学知识。对数学知识的深入理解,不仅有助于学生在数学考试中取得好成绩,更能使他们在未来的学习和工作中灵活运用数学知识解决实际问题。

数学核心素养的培养有助于提升学生的逻辑思维能力、空间想象力和数据处理能力等关键技能,这些技能在学生未来的学习和工作中都将发挥重要作用。例如,逻辑思维能力可以帮助学生更好地分析和解决问题;空间想象力有助于学生在工程、建筑等领域取得突破;数据处理能力则是现代社会中不可或缺的一项技能。

数学核心素养还能够培养学生的创新精神和实践能力。在面对复杂问题时,具备数学核心素养的学生能够灵活运用数学知识解决问题。他们不仅善于发现问题,更能够创造性地提出解决方案。

三、数学核心素养的维度

小学数学核心素养的11个维度——数感、量感、符号意识、运算能力、几何直观、空间观念、推理意识、数据意识、模型意识、应用意识和创新意识,相互关联、共同促进学生的数学能力和创新思维的发展。

(一)数感

数感,主要是指关于数与数量、数量关系、运算结果估计等方面的感悟。建立数感有助于学生理解现实生活中数的意义,理解或表述具体情境中的数量关系。

具有数感的学生能够快速地感知和理解数与数量之间的关系,能够在实际情境中准确地把握数的相对大小和数量关系，对运算结果有合理的估计。

数感是数学学习的基石，它帮助学生建立起对数字的直观感知和理解，为后续的数学学习和应用奠定基础。在解决数学问题时，数感好的学生能够更快地找到问题的切入点，提高解题效率。

（二）量感

量感主要是指对事物的可测量属性及大小关系的直观感知。建立量感有助于养成用定量的方法认识和解决问题的习惯，是形成抽象能力和应用意识的经验基础。

具备量感的学生能够直观地感知长度、面积、体积等量的大小，能够选择合适的度量单位进行描述，并对不同单位之间的换算有清晰的认识。

量感是培养学生数学思维和实践能力的重要组成部分，它帮助学生建立起对物理世界的量化认识，为学习几何、代数等后续数学知识提供直观的经验支持。

（三）符号意识

符号意识主要是指能够理解并且运用符号表示数、数量关系和变化规律；知道使用符号可以进行运算和推理，得到的结论具有一般性。建立符号意识有助于学生理解符号的使用，是数学表达和进行数学思考的重要形式。

具有符号意识的学生能够准确地理解和使用数学符号，能够用符号表达数学关系和规律，并利用符号进行运算和推理。

符号意识是数学学习中的重要能力，它帮助学生简化复杂的数学问题，提高解题效率。符号意识也是培养学生抽象思维和逻辑思维能力的基础。

（四）运算能力

运算能力主要是指能够根据法则和运算律正确地进行运算的能力。培养运算能力有助于提高学生的计算能力和解决实际问题的能力。

具备运算能力的学生能够熟练掌握基本的运算法则和运算律，能够准确地进行四则运算，并能够运用运算解决实际问题。

运算是数学学习的基础。运算能力的培养对于提高学生的数学能力和解决实际问题至关重要。它不仅能够帮助学生提高计算速度和准确性，还能够培养学生的逻辑思维和问题解决能力。

（五）几何直观

几何直观主要是指对图形形状、大小和位置关系的敏感性和直觉。建立几何直观有助于学生更好地理解空间与几何的概念，构建空间观念。

具有几何直观的学生能够快速地识别和描述图形的特征，能够运用几何知识解决实际问题，如计算面积、体积等。

几何直观是空间观念的重要组成部分，它帮助学生建立起对空间与几何的直观感知和理解。在解决几何问题时，几何直观好的学生能够更快地找到问题的关键信息，提高解题效率。

（六）空间观念

空间观念主要是指根据物体特征抽象出几何图形，根据几何图形想象出所描述的实际物体；想象出物体的方位和相互之间的位置关系；描述图形的运动和变化；依据语言的描述画出图形等。

具备空间观念的学生能够在头脑中清晰地构建出几何图形的形象，能够准确地描述和想象物体的空间位置和运动状态。

空间观念是培养学生空间观念和几何直观能力的基础，它有助于学生在解决空间与几何问题时建立起清晰的数学模型，提高解题的准确性。

（七）推理意识

推理意识主要是指从一些事实和命题出发，依据逻辑规则推出其他命题或结论的素养。

具有推理意识的学生能够根据已知条件进行逻辑推理，得出正确的结论。他们能够理解并使用各种逻辑联结词，如"如果……那么……""只有……才……"等，进行条件推理和演绎推理。

推理意识是数学学习中不可或缺的重要能力，它帮助学生厘清数学概念和定理之间的逻辑关系，提高解题的条理性和逻辑性。推理意识也是培养学生创新思维和问题解决能力的基础。

（八）数据意识

数据意识主要是指对数据的感悟、敏感性和鉴别力，能够自觉地用数据的眼光分析有关现象。

具备数据意识的学生能够敏锐地捕捉到数据中的信息，理解数据的含义和价值，并能够运用数据进行决策和预测。

在信息化社会中，数据已经成为重要的信息资源。培养学生的数据意识有助于他们更好地适应未来社会的发展需求，提高数据处理和分析能力。

（九）模型意识

模型意识是指用数学语言概括地或近似地描述现实世界事物的特征、数量关系和空间形式的一种数学结构。数学模型的主要表现形式是数学符号表达式和图表，因而它与符号化思想有很多相通之处，同样具有普遍的意义。

具有模型意识的学生能够将实际问题抽象成数学模型，并运用数学模型进行求解和分析。他们能够理解和运用各种数学模型，如方程、不等式、函数等，来解决实际问题。

模型意识是培养学生数学应用能力和创新能力的重要基础，它能帮助学生将复杂的实际问题简化为数学问题，提高问题解决的效率。模型意识有助于学生更好地理解数学与现实世界的联系，增强对数学学习的兴趣和动力。

（十）应用意识

应用意识是指利用数学概念和原理解决实际问题的意识，它要求学生能够主动尝试从数学的角度运用所学知识和方法寻求解决问题的策略，并能够在实践中探索出解决问题的有效方法。

具备应用意识的学生能够灵活运用数学知识解决实际问题，如计算、优化、统计等。他们能够将实际问题转化为数学问题，并运用数学方法进行求解。

应用意识是数学学习的最终目的之一，它可帮助学生将数学知识与实际应用相结合，提高数学知识的实用性和趣味性。应用意识有利于培养学生的实践能力和创新能力，为学生的未来职业发展奠定基础。

（十一）创新意识

创新意识是指学生在学习过程中表现出来的探索精神、求异思维方式和非常规的解题方法。它要求学生能够独立思考、勇于尝试新的解题方法和策略，并能够在实践中不断探索和创新。

具有创新意识的学生能够积极主动地探索新的数学问题和解题方法，勇于尝试不同的思路和策略。他们能够在解决问题时灵活运用所学知识，提出独特的见解和方案。

创新意识是培养学生数学素养和创新能力的重要组成部分，它鼓励学生勇于尝试、不断创新，为培养创新型人才奠定基础。

四、小学数学教学中核心素养培养原则

在小学数学教学中，培养学生的核心素养应遵循循序渐进、实践性、启发性和全面性的原则，通过系统化的知识传授、实践操作、思维启发和全方位发展，全面提升学生的数学能力、创新思维和情感态度，促进其数学素养的形成。

（一）循序渐进原则

循序渐进的教学原则，强调教学要按照学科的逻辑系统和学生认识发展的规律进行，使学生系统地掌握基础知识、基本技能，形成严密的逻辑思维能力。在小学数学教学中，这一原则尤为重要。由于小学生的认知能力有限，他们往往对抽象概念和复杂数学运算的学习感到吃力。因此，教师需要根据学生的实际情况，从简单到复杂，由浅入深地逐步引导学生掌握数学知识。

例如，在教学"分数"这一概念时，教师可以从学生熟悉的"一半"开始，逐步引入"三分之一""四分之一"等分数概念。首先，教师可以通过实物展示，如将一个苹果切成两半，让学生直观理解"一半"的概念。接着，再逐步引入分数的表示方法，如"二分之一"可以表示为1/2。通过这样循序渐进的方法，学生可以更加容易地理解和掌握"分数"这一抽象概念。

（二）实践性原则

实践性原则强调让学生在实践中学习，通过亲自参与和动手操作来加深对知识的理解。在小学数学教学中，实践性原则的应用可以帮助学生将抽象的数学知识转化为具体的实践经验，从而提高他们的学习兴趣和学习效果。

例如，在教学"面积"这一概念时，教师可以设计一些实践活动，如让学

生测量教室、书桌等物体的面积。通过亲自参与测量过程，学生可以更加直观地理解面积的概念和计算方法。

（三）启发性原则

启发性原则强调教师在教学过程中要激发学生的学习兴趣和求知欲望，引导他们主动思考和探索问题。在小学数学教学中，教师可以通过设置问题情境、提出挑战性问题等方式来激发学生的思维活力。

例如，在教学"鸡兔同笼"问题时，教师可以先给出一个具体的例子，然后引导学生通过尝试、猜测和验证等方法来解决问题。在这个过程中，教师可以不断提出问题，引导学生深入思考并发现规律。通过启发式教学，学生可以更加深入地理解数学问题的本质和解决方法。

（四）全面性原则

全面性原则要求教师在教学过程中关注学生的多维度全方位发展，不仅注重对学生知识技能的培养，还要关注学生情感态度和价值观的形成。在小学数学教学中，教师可以通过多样化的教学方式和评价机制来促进学生的多维度成长。

例如，在教学"统计"这一概念时，教师可以设计一些与现实生活密切相关的统计活动，如让学生调查班级同学的生日、喜爱的运动等。通过这些活动，学生不仅可以掌握统计的基本知识和方法，还可以培养团队协作、沟通交流等综合能力。教师还可以引导学生思考统计在现实生活中的应用和意义，从而培养他们的社会责任感和价值观。

五、小学数学教学中核心素养培养策略

在小学数学教学中，为有效培养学生的数学核心素养，教师应创设情境，激发兴趣，引导学生深入探究数学教学过程，联系实际生活，学以致用，拓展思维，培养创新能力，并关注个体差异，因材施教，从而全面提升学生的数学素养和综合能力。

（一）创设情境，激发兴趣

在小学数学教学中，创设情境是一种非常有效的策略，能够迅速吸引学生

的注意力，激发他们的学习兴趣。教师可以通过讲述数学小故事、展示数学游戏或与生活紧密相关的数学问题等方式，为学生打造一个富有挑战性和趣味性的学习环境。例如，当教授"面积"的概念时，教师可以设定一个场景：让学生假想自己是装修工人，需要计算房间的面积来确定需要多少涂料。通过扮演这样的角色，学生不仅能更直观地理解面积的概念，还能在实际操作中体验到数学的乐趣和实用性。

（二）注重过程，引导探究

数学教学不仅仅是传授知识，更重要的是培养学生的数学思维。因此，教师应该让学生亲自参与到数学知识的探索和发现过程中。例如，在教授"分数加减法"时，教师可以通过分组活动，让学生自己动手操作，用图形或实物来表示分数，并进行加减运算。这样的过程不仅能让学生更深入地理解分数加减法的原理，还能培养他们的动手能力和团队协作精神。

（三）联系实际，学以致用

数学并不是孤立存在的，它与我们的日常生活紧密相连。将数学知识与实际生活相联系，可以让学生更加明确数学学习的目的和意义。例如，在教授"比例"的概念时，教师可以引入食谱配比的例子，让学生理解比例在实际生活中的应用。通过这样的教学方式，学生不仅能更好地理解比例的概念，还能学会如何在日常生活中运用数学知识解决实际问题。

（四）拓展思维，培养创新

在数学教学中，培养学生的创新思维至关重要。教师可以通过设计开放性问题、鼓励学生进行一题多解等方式，来拓展学生的思维空间，激发他们的创新意识。例如，在解决一些复杂的数学问题时，教师可以鼓励学生尝试不同的解题方法，并对他们的创新思路给予肯定和鼓励。这样不仅能提升学生的解题能力，还能培养他们的创新思维和解决问题的能力。

（五）关注差异，因材施教

每个学生都是独一无二的个体，他们的学习方式、速度和兴趣点都有所不同。因此，教师在教学过程中需要关注学生的个体差异，根据他们的实际情况进行有针对性的教学。例如，对于基础较薄弱的学生，教师可以采用更加直观和生动的教学方式，帮助他们打好基础；对于基础较好的学生，教师可以给予其更高层次的挑战，如引入一些竞赛级别的数学问题，来进一步激发他们的数学潜能。教师要通过差异化教学使每个学生都能在数学学习中有适合自己的发展和提升。

第二节　核心素养与教学评价的互动关联

在小学数学教学中，核心素养与教学评价紧密相连，二者相互促进，共同构成了一个科学的教学体系。以核心素养为导向，我们制定教学评价目标，设计紧密围绕核心素养的评价内容，运用多元化的评价方式全面评估学生的核心素养发展。我们注重过程性评价与终结性评价的结合，并引入学生自评互评机制，确保即时有效的反馈，从而调整和优化教学内容，形成一个动态、全面的科学评价体系。这一体系不仅检验和提升学生的核心素养，更引领着数学教学的方向，实现教学与评价的深度融合。

一、核心素养与教学评价的关系

核心素养与教学评价在小学数学教学中相互促进：核心素养作为教学评价的基础，为教学评价提供目标和方向，同时教学评价作为检验和提升手段，不仅客观反映学生的核心素养发展情况，还为其提供有针对性的指导和激励。

（一）核心素养是教学评价的基础

随着新课改的持续深度推进，核心素养已成为教育领域的重要理念，尤其在小学数学教学中，它不仅是教学目标的导向，更是教学评价的重要基础和指引。简而言之，核心素养是学生在接受教育过程中逐渐形成的、对个人终身发展和社会都至关重要的品格和能力。在小学数学领域，核心素养涵盖了数感、符号意识、空间观念、几何直观、数据意识、运算能力、推理能力和模型意识等多个方面。这些核心素养不仅仅是数学知识的简单应用，更是数学思维方式的深刻体现。

以教学"四则运算"知识点为例，核心素养在教学评价中的基础和指引作

评价引领　素养形成
——小学数学评价新思考

用尤为明显。四则运算，即加法、减法、乘法和除法，是小学数学教学中的基础内容，也是学生日常生活中经常使用的数学技能。然而，在教学评价中，我们不仅要关注学生的运算结果是否正确，更重要的是评估他们在运算过程中展现出的核心素养。

数感是核心素养的重要组成部分，在四则运算中体现得尤为突出。一个具有强数感的学生，在面对四则运算问题时，能够迅速理解题目的意思，准确捕捉数字信息，并灵活选择运算方法。例如，在解决一个包含四则运算的实际问题时，如"小明买了3支铅笔，每支2元，又买了2本笔记本，每本5元，他一共花了多少钱？"，具有强数感的学生会迅速识别出这是一个需要先进行乘法运算再进行加法运算的问题，他们能够准确地计算出结果，而不是简单地堆砌数字。

此外，运算能力也是核心素养在四则运算中的重要体现。运算能力不仅仅是指运算的速度和准确性，更重要的是指学生在面对复杂运算时的思维能力和解题策略。例如，在解决一个包含括号和运算顺序的问题时，如"（20+30）×2-10"，具有强运算能力的学生会首先识别出运算的优先级，先进行括号内的加法运算，再进行乘法运算，最后进行减法运算。他们在解题过程中会展现出清晰的思维步骤并会运用合理的解题策略。

因此，在进行四则运算的教学评价时，教师应该紧紧围绕核心素养展开，设计具有针对性的评价任务。例如，可以设计一些包含实际情境的四则运算问题，让学生在解决问题的过程中展现出他们的数感和运算能力。

（二）教学评价是检验和提升核心素养的手段

教学评价在小学数学教学中承载着举足轻重的功能，它不仅是衡量学生学习成效的标尺，更是促进学生核心素养发展的关键推手。那么，教学评价是如何在核心素养的形成过程中发挥检验与提升作用的呢？

以"数的大小比较"这一基础知识点为例，教学评价在其中扮演着至关重要的角色。首先，通过精心设计的课堂测试或作业任务，教师能够客观地检验学生对数的大小比较这一核心素养的掌握情况。这些评价任务可能包括比较具体数字的大小、在数轴上标出数字的位置、解决涉及数的大小比较的实际问题等。通过这些任务，教师能够清晰地了解学生在数感、符号意识及逻辑推理等方面的能力水平。

其次，教学评价还能够针对学生在数的大小比较方面存在的问题进行有针对性的指导。当教师发现学生在比较数字大小时存在困惑或错误时，可以及时地进行个别辅导或集体讲解，帮助学生纠正错误理解，掌握正确的比较方法。针对性的指导能够有效地提升学生的核心素养，使他们在数的大小比较方面更加自信和准确。

此外，教学评价还能够激励学生不断提升自己的核心素养。当学生在数的大小比较方面取得进步或优异成绩时，他们会感受到学习的成就感和喜悦，这样可进一步激发学生的学习动力，促使他们更加努力地学习和探索数学知识。教师也可以通过评价反馈向学生展示他们在数的大小比较方面的成长和进步，从而增强学生的自信心和学习动力。

除了传统的测试方式，教师还可以创新评价方式，以更好地检验和提升学生的核心素养。例如，教师可以设计一些具有挑战性的实际问题，让学生在小组合作中共同解决。这些问题涉及购物、测量、时间管理等多个生活场景，需要学生运用数的大小比较知识进行分析和决策。

（三）核心素养与教学评价是相互促进的共生体

在小学数学教学中，核心素养与教学评价之间存在着一种相互促进的紧密关系。以《角的初步认识》这一节课为例，我们可以清晰地看到核心素养与教学评价是如何相互促进的。

在《角的初步认识》这节课中，教师的核心目标是帮助学生建立对角的基本概念的认识，培养他们的空间观念和几何直观能力。为了实现这一目标，教师采用了多种评价方式，以全面促进学生的核心素养发展。

首先，在课堂导入环节，教师通过展示生活中的实物，如书本页面的角、三角尺等，引导学生观察并思考这些实物中的角，并对学生的反应进行即时评价。这一环节的评价方式主要是观察学生的反应和参与度，以检验他们对角的初步感知和兴趣。这一评价方式的设计，正是基于核心素养中空间观念和几何直观能力的要求。

其次，在新知讲授环节，教师通过多媒体展示角的定义、分类和性质，并结合具体的例子进行讲解。在讲解过程中，教师采用了提问、讨论和小组合作等多种评价引导方式，以检验学生对角的理解程度和思维活跃度。

再次，在巩固练习环节，教师设计了一系列与角相关的练习题，包括画角、数角、比较角的大小等。这些练习题不仅检验了学生对角的掌握情况，还进一步提升了他们的运算能力和空间观念。教师在这一环节采用了作业批改、课堂小测和个别辅导等多种评价方式，以确保评价的全面性和针对性。

最后，在课堂总结环节，教师引导学生回顾本节课的学习内容，并鼓励他们分享自己的学习心得和体会。这一环节的评价方式主要是倾听学生的发言和观察他们的表情动作，以检验他们对本节课的收获和对角的认识深度。

二、核心素养与教学评价之间的互动机制

在小学数学教学中，我们应以核心素养为导向制定教学评价目标，紧密围绕核心素养设计教学评价内容，运用多种评价方式全面评估学生的核心素养，并即时反馈评价结果，以促进学生核心素养的全面提升和教学质量的不断提高。

（一）以核心素养为导向制定教学评价目标

在制定教学评价目标时，核心素养应成为我们的指南针。核心素养不仅涵盖了知识技能，更强调了对学生的综合能力、情感态度及价值观的培养。因此，以核心素养为导向，意味着我们的评价目标不再局限于单一的知识掌握情况，而是要全面考查学生在数学学习过程中的综合能力表现。

以小学数学为例，数感是数学核心素养的重要组成部分。在制定教学评价目标时，我们不仅要考查学生对数的理解和运算能力，还要关注他们在解决实际问题中如何灵活运用数学知识及他们对数学学习的态度和兴趣。这样的评价目标，既体现了数学知识的应用价值，又符合学生实际成长的需求。

例如，在评价学生的数感时，我们可以设定以下目标：学生能够理解数的意义，能够用数来表达和交流信息，能够在具体情境中选择合适的数来进行计算和推理及能够对数的运算结果进行合理的估计和验证。

为了实现这些评价目标，我们可以设计相应的评价任务。例如，可以让学生在实际购物场景中运用数学知识来计算总价和找零，以此来考察他们的数感和运算能力。我们还可以通过观察学生在课堂上的表现、作业完成情况及与同学的交流合作情况来全面评估他们的核心素养发展水平。

（二）围绕核心素养设计教学评价内容

在设计教学评价内容时，我们应紧密围绕核心素养进行。这意味着我们不仅要关注学生对数学知识的掌握情况，还要考察他们在解决实际问题、进行数学推理、表达交流等方面的能力。因此，设计具有实际意义的数学问题，让学生在解决问题的过程中展示他们的核心素养，是设计评价内容的关键。

以小学数学中的《图形与几何》这节课为例，我们可以设计一些与现实生活密切相关的评价任务。例如，让学生测量并计算自己房间的面积，或者让他们根据给定的条件设计一个合理的花园。这些任务不仅要求学生运用所学的数学知识，还需要他们发挥空间观念、创新思维和解决问题的能力。

我们还可以设计一些开放性问题让学生在探究过程中展示他们的核心素养。例如，可以让学生探索不同形状的图形的面积计算方法，或者让他们尝试用多种方法解决同一个数学问题，激发学生的好奇心和探索欲望，促使他们在探究过程中不断提升自己的核心素养。

（三）运用多种评价方式全面评估学生的核心素养

在评价学生的核心素养时，我们应采用多种评价方式相结合的方法进行全面评估。这是因为不同的评价方式各有优势，能够从不同角度反映学生的核心素养发展水平。

（1）笔试是最常见的评价方式之一，它可以有效地考查学生对数学知识的理解和掌握情况。然而，笔试并不能完全反映学生的核心素养，因此我们还需要结合其他评价方式来进行全面评估。

（2）口试可以考察学生的口头表达能力和数学推理能力。通过让学生解释解题思路、阐述数学观点等方式，我们可以更深入地了解学生的数学素养和思维能力。

（3）实践操作评价则是检验学生动手能力、空间观念和问题解决能力的有效方式。例如，在《图形与几何》一课中，我们可以让学生亲手制作几何模型、进行实地测量等操作，以此来评估他们的实践操作能力和空间观念。

（4）学生自评和互评也是非常重要的评价方式。通过自评，学生可以反思自己的学习过程和成果，从而发现自己的优势和不足；而互评则可以帮助学生从同伴的视角审视自己的学习表现，进而调整自己的学习策略和方法。

（四）及时反馈评价结果促进学生核心素养提升

教学评价的最终目的是促进学生的全面发展，而及时反馈评价结果则是实现这一目标的关键环节。学生通过及时反馈评价结果，可以更加清晰地了解自己的优势和不足，从而有针对性地提升核心素养。

在小学数学教学中，我们可以采取多种形式进行反馈。

（1）教师可以在课堂上对学生的表现进行及时反馈，肯定他们的优点并指出需要改进的地方。及时反馈能够让学生及时调整自己的学习状态，激发他们的学习动力。

（2）教师可以定期与学生进行面对面的交流，针对他们的学习情况和核心素养发展水平给予其具体的指导和建议。个性化的反馈能够帮助学生明确自己的学习目标，制订合理的学习计划。

（3）教师可以利用书面反馈的方式，将评价结果以报告或信件的形式发送给学生和家长。书面反馈能够详细地记录学生的学习情况和进步轨迹，为他们提供长期的学习指导。

通过及时反馈评价结果，教师可以帮助学生更加清晰地认识自己，发现自己的潜力和不足，从而激发他们的学习热情和进取心。

第三节　传统评价方式存在的问题与不足

在小学数学教学的道路上，传统评价方式犹如一潭死水，波澜不惊。它过于偏爱学科知识的碎片，却对学生综合能力的波澜壮阔视而不见。纸笔测验的单调乏味，掩盖了学生多维度数学能力的绚丽多彩。对共性的盲目追求，让学生独特的个性光芒黯然失色。学生在评价中的被动地位，更是让他们失去了主动参与、展翅高飞的勇气。教师对结果偏执狂热，却对学生学习过程中的酸甜苦辣、情感态度的丰富多样视而不见。应试教育的沉重枷锁，更是束缚了教学的灵动与创新。传统评价方式的种种弊端，如同枯枝败叶，亟待春风化雨般的改革，让现代教育之树焕发新的生机与活力。

一、评价内容过于依赖学科知识

在小学数学的传统教学评价中，我们常常看到评价方式过于聚焦课本中的数学知识点，如对公式、定理的掌握。这一评价方式虽然看似在检验学生的学习成效，但实际上可能偏离了数学教育的核心目标。过分强调对知识点的记忆，导致学生将大量时间和精力投入到对公式、定理的死记硬背上，而忽略了对这些知识点背后逻辑和原理的深入理解。数学，作为一门需要逻辑思维和问题解决能力的学科，其本质在这种评价方式下被淡化，进而限制了学生数学思维的发展。

重视学科知识的评价方式带来的问题显而易见：学生可能会流利地背诵各种数学公式，但当面对实际的数学问题时却显得手足无措。这种以学科知识为重的评价方式忽视了学生之间的个体差异。要知道每个学生都有自己独特的学习方式和进度，用一个固定的标准去衡量所有学生显然是不公平的。更为严重的是，这种评价方式可能会导致学生对学习产生抵触情绪，因为他们感受到的学习目的只是为了应对考试，而非真正理解和应用知识。

传统的重视学科知识的评价方式形成的根源在于应试教育制度的影响及部分教师对数学教育目标的误解。在应试教育的压力下，学校和教师往往更关注学生的分数，而非他们的实际能力和对知识的理解深度。少部分教师可能错误地过度强调数学教育中的知识传授，而忽视了对学生思维能力和创新精神的培养。

依赖学科知识的评价方式对学生的影响是深远的。它不仅限制了学生数学思维的发展，削弱了他们的问题解决能力，还可能让学生对学习失去兴趣和动力。当学习变成了一种应付考试的任务，而非真正理解和探索知识的过程，学生可能会对数学产生抵触情绪，甚至在未来的学习和工作中逃避与数学相关的领域。

二、评价方式过于单一

在小学数学的传统评价方式中，纸笔测试一直占据主导地位，且测试题型常常固定不变，这种方式虽然方便操作，但却难以全面反映学生的数学素养和能力。

数学是一门内容广泛且需要多方面能力的学科，它不仅包括基础的计算和公式应用，还涉及空间想象、逻辑推理等能力。然而，这种单一的评价方式往往只关注学生的计算能力，而忽视了他们在其他数学领域的能力和潜力。这导致学生在面对更为复杂、多元的数学问题时，可能会感到力不从心，因为他们并没有得到全面的数学能力训练。

单一评价方式的问题在于它无法全面、真实地评估学生的数学能力。固定的题型和考核方式限制了对学生全方位能力的考察，同时也忽视了学生之间的个体差异。每个学生都有自己的优势和弱点，而这种评价方式无法充分体现每个学生的特点和潜力。

造成评价方式单一性的原因主要在于传统教育观念的影响及便于操作和量化评估的需求。一些教师可能仍然认为数学就是简单的计算和公式应用，而忽视了数学学科的其他重要方面。为了方便操作和评估，纸笔测试成为最常用的评价方式，但这却难以全面反映学生的数学素养和能力。

单一的评价方式对学生的影响是显而易见的，其不仅限制了学生数学能力的多维度发展，还可能导致学生失去对数学学科深入探索和创新的兴趣。当学生意识到只需要掌握特定的题型和知识点就能取得好成绩时，他们可能会忽视对数学学科其他领域的了解和学习，这对学生未来的学习和职业发展都可能带来不利影响，因为现代社会对数学能力的需求已经远远超出了简单的计算和公式应用。

三、评价过于标准化且忽视个性差异

在教育的世界里，每个学生都是一本独特的书，有着各自不同的篇章和节奏。然而，当评价的标准被固化、被一刀切地应用于所有学生时，我们就像是用同一把尺子去丈量形态各异的群山，结果必然是有些山峰被低估，有些则被高估。这种评价方式的问题在于它过于强调共性，而忽视了学生个性中的闪光点。

我们常常说，教育要因材施教，但在实际操作中，过于标准化的评价方式却使得这一理念变得遥不可及。标准化评价就像一把双刃剑，它在提供了一种简便快捷的评估手段的同时也无形中扼杀了学生的个性发展。每个学生都有自己独特的学习方式和节奏，他们或许在逻辑思维上表现出色，或许在空间想象力上有着过人之处，又或许在创新思维上独树一帜。然而，当所有的这些都被一套刻板的评分标准所掩盖时，我们不禁要问：这样的评价方式，真的能公正地反映每个学生的真实水平和发展潜力吗？

答案显然是否定的。过于标准化的评价方式，就像一面扭曲的镜子，它无法准确地映射出每个学生的真实面貌。在这种评价方式下，部分学生可能会因为无法适应这种刻板的标准而感到挫败，他们的学习积极性受到打击，甚至可能因此对学习产生抵触情绪。而那些在标准化评价中表现优异的学生，也可能因为过于依赖这种评价方式而失去了探索更广阔天地的动力。

更深层次的问题在于，这种评价方式无法准确地反映每个学生的真实水平

和发展潜力。它忽视了学生之间的个体差异，用一套固定的标准去衡量所有学生，这显然是不公平的。每个学生都有自己的优势和劣势，他们的发展速度和方向也各不相同。因此，用一个统一的标准来评价所有学生，无异于抹杀了他们的个性和独特性。

四、评价主体处于被动地位

在传统教育的评价体系中，学生往往只是被动地接受来自教师、学校乃至社会的评价。他们像是舞台上的演员，按照既定的剧本和台词表演，而评价者则是台下的观众，根据他们的表演打分。传统的评价方式的问题在于，它忽视了学生的主体地位，剥夺了他们主动参与评价的机会。

学生是教育的主体，他们应该是评价过程中的重要参与者。然而，在传统的评价方式中，学生的声音和意见很少被纳入评价体系。他们只能被动地接受评价结果，而无法对评价过程产生实质性的影响。处于被动的被评价地位，不仅让学生感到自己的意见和感受被忽视，也让他们失去了主动参与评价的动力和兴趣。

这种评价方式的问题不仅仅在于学生的被动地位，更在于它剥夺了学生自我评价和反思的机会。自我评价是学生自我认识、自我提升的重要途径。通过自我评价，学生可以更好地了解自己的优势和劣势，明确自己的学习目标和发展方向。然而，在传统的评价方式中，学生很少有机会进行自我评价和反思，他们只是被动地接受着来自外部的评价和反馈。

被动的评价方式还可能对学生的心理产生负面影响。当学生意识到自己在评价过程中只是被动的接受者时，他们可能会感到自己的努力和进步没有得到应有的认可。这一感受可能会让他们对学习产生消极情绪，甚至对自己的能力产生怀疑。长此以往，这种评价方式可能会对学生的自信心和学习动力造成严重的打击。

五、评价中心过于关注结果

在学习的征途上，每个学生都是一名奔跑者，他们或快或慢，或跌或撞，但每一步都蕴含着他们的汗水和努力。然而，传统的评价方式却往往只看重学生的终点——最终成绩，对学生那沿途的跋涉和努力视而不见。唯结果论的传统的评价方式，就像一束聚光灯，只照亮了终点的奖杯，却让那漫长的成长跑道陷入了黑暗。

当我们过于关注结果时，就会无形中给学生传递出一种信息：只有成绩才是最重要的。于是，那些在学习过程中付出了巨大努力但成绩并不突出的学生可能会因此产生挫败感。他们或许会疑惑：自己的付出是否真的有意义？这种评价方式不仅无法全面反映学生的真实水平，还可能打击他们的学习积极性和自信心。

更进一步说，唯结果论的评价方式还可能让学生陷入应试教育的泥潭。在这种环境下，学生可能会过于追求分数，而忽视了学习的本质和乐趣。他们可能会开始机械地记忆知识点，而不是真正理解并掌握它们。长此以往，学生的创新思维和批判性思维可能会被扼杀在摇篮里。

一个完善的评价体系，应该像一盏明灯，既照亮学生前行的道路，也照亮他们沿途的汗水和努力。这样的评价体系不仅能关注学生的最终成绩，更会关注他们的学习过程和他们在学习过程中所表现出的态度和能力。因为真正的学习并不仅仅是为了追求高分，更是为了探索未知、发现自我、提升能力。

当我们把目光从单一的分数上移开，去关注学生的全方位发展时，我们就会发现，每个学生都是独一无二的个体，他们有着各自的优势和潜力。而我们的任务，就是去发现并激发这些潜力，帮助他们成为更好的自己。

六、忽视对学生情感、态度和价值观的评价

数学不仅仅是一门学科，更是一种严谨的思维方式和解决问题的有力工具。然而，在现实的教育评价中，我们却往往只关注学生的知识点掌握情况，而忽视了他们背后的情感、态度和价值观。

情感、态度和价值观是学生学习和发展的重要组成部分。一个对数学充满热情和好奇心的学生，即使他在对知识点的掌握上有所欠缺，但他那份对知识的渴望和对探索的执着是无比宝贵的。相反，一个只是为了应付考试而死记硬

背的学生，即使他能在考试中取得高分，但他的学习态度和价值观却是值得我们深思的。

当我们忽视对学生情感、态度和价值观的评价时，就可能错过了解他们内心的机会。每个学生都是复杂的个体，他们有着自己的思考和感受。他们对待学习的态度、对待问题的思考方式及对待挑战的勇气都反映了他们的价值观。如果我们只停留在对表面的知识点的评价上，就无法深入地了解他们，也无法给予他们真正需要的帮助和支持。

更进一步说，忽视对学生非知识与技能的评价还可能让我们对学生的全面发展产生误判。一个学生可能在数学知识点上表现不佳，但他在团队合作、创新思维或者批判性思考等方面却有着出色的表现。如果我们只看重他的数学成绩而忽视了他的其他优点和潜力，那么就可能对他的发展造成不必要的限制和阻碍。

因此，我们需要更加重视对学生情感、态度和价值观的评价，这不仅能帮助我们更全面地了解学生，更能为他们的可持续多维度发展提供有力的支持。当我们开始关注学生的内心世界和成长过程时，我们就会发现，每个学生都是一本独特的书，等待着我们去细细品读。

七、应试教育导向和限制教学改进

在小学数学的课堂上，当教育的目标被简化为追求分数，当评价方式过于传统和应试化时，教育这一原本旨在启迪智慧、培养能力的活动，就可能沦为应试的工具。应试教育导向如同一个隐形的枷锁，束缚着教师和学生的思想和行动，让教育偏离了其本质。

在这种环境下，教师和学生可能会陷入一种为了分数而学习的怪圈。他们关注的不再是对数学知识的深刻理解与应用，而是如何快速准确地回答试卷上的问题，如何在考试中取得高分。功利性的学习态度，无疑是对数学教育的一种扭曲。

应试教育导向的问题不仅表现在学生的学习态度上，更体现在教师的教学方式上。为了提高学生的分数，一些教师可能会放弃对数学知识的深入讲解和探讨，转而采用填鸭式的教学方法，让学生通过大量的练习和记忆来应对考试。应试导向的教学方式虽然可能在短期内提高学生的分数，但却牺牲了学生对数学知识的真正理解和对数学思维的培养。

应试教育导向还可能限制教师的教学改进和创新。在应试教育的压力下，教师可能没有足够的时间和精力去探索新的教学方法和手段，也可能因为害怕尝试新事物而影响学生的分数而选择保守的教学方式。这种教学方式上的故步自封，不仅阻碍了教师的专业发展，也剥夺了学生接触多样化学习方式的机会。

更深层次的问题在于，应试教育导向还可能对学生的心理健康产生负面影响。在分数的重压下，一些学生可能会产生焦虑、抑郁等心理问题，甚至对学习和考试产生恐惧和厌恶。这些不健康的心理状态不仅会影响学生的学习效果，还可能对他们的未来发展造成长远的负面影响。

当我们审视应试教育导向所带来的种种问题时，不禁要问：这是否是我们想要的教育？我们是否希望学生在分数的驱使下失去对学习的热情和探索的欲望？答案显然是否定的。

为了打破应试教育的局限，我们需要不断探索和创新评价方式。评价方式的改革是教育改革的重要组成部分，它直接关系到学生的学习动力和教师的教学方式。我们应该寻求一种更加全面、多元的评价方式，其既能反映学生的知识水平，又能体现他们的学习态度、思维能力和创新精神。

我们也需要给予教师更多的支持和鼓励，让他们敢于尝试新的教学方法和手段。教师是教育改革的实践者，他们的教学改革和创新是推动教育发展的重要力量。我们应该为教师创造一个宽松、包容的教学环境，让他们能够自由地探索和实践，从而为学生提供更加优质、多样的教育服务。

基于核心素养的小学数学评价理念

第二章

在浩瀚的教育星海中，小学数学教育宛如一颗璀璨的星辰，照亮着孩子们智慧的征程。而基于核心素养的小学数学评价理念，则是引领学生在数学海洋中航行的重要指南针。它不仅仅关乎知识的积累，更关乎能力的培育、思维的拓展与情感的熏陶。

随着教育的进步与革新，我们越发认识到，教育的本质并非单一的知识灌输，而是以学生为中心的可持续发展。这一理念在小学数学教育中体现得尤为深刻。数学，作为一门严谨的学科，不仅要求学生掌握公式与定理，更要求他们在探索中学会思考，在思考中学会创新。

基于核心素养的小学数学评价理念是新时代教育的重要方向。它以学生为中心，关注学生的可持续多维度发展，重视过程与结果的结合，同时遵循学业质量标准的评价要求。这一评价方式不仅能够真实、全面地反映学生的学习状况，还能够激发学生的学习兴趣和积极性，培养他们的自主学习能力和创新精神。我们相信，在这种评价理念的引领下，小学数学教育将会迎来更加美好的明天！

评价引领　素养形成
——小学数学评价新思考

第一节　以学生发展为中心的评价理念

在小学数学教学中，我们秉持以学生发展为中心的评价理念，以学生为中心，全面评价学习效果，遵循他们的身心成长规律进行科学评价。评价过程中，我们不仅关注当前的学习成果，更着眼于学生的长远成长与发展，旨在培养他们的自主学习能力和综合素养。通过多样化的评价方式，我们捕捉学生的学习瞬间，发现个性差异，激发学习兴趣，并引导他们学会学习、拓展数学思维。面向未来的可持续评价观，不仅挖掘学生的发展潜力，更为他们今后的学习和生活奠定坚实基础，让学生在数学学习中实现全面、可持续的发展与进步。

一、以学生为中心，开启评价新篇章

在小学数学的教学中，我们深知学生是不可替代的学习主体。他们不仅仅是知识的接受者，更是知识的探索者和实践者。因此，评价的首要原则是必须以学生为起点，这样的评价才能真实反映学生的学习情况，才能有效促进学生的成长。

评价，不应仅仅局限于一张试卷的分数，这样的评价过于单一，无法全面反映学生的学习情况。我们需要的，是对学生学习情况进行全面、深入的考查。这样的评价，能够真实反映学生的学习状态，帮助我们更好地指导学生。

在构建以学生为中心的评价体系时，我们深受维果茨基的最近发展区理论的启发。维果茨基认为，学生的发展存在两种水平：一种是现有的发展水平，另一种是在成人或更有经验的同伴帮助下可能达到的发展水平。这两种水平之间的差异，就是"最近发展区"。这一理论提醒我们，在评价学生时，不仅要关注他们当前的表现，更要看到他们的潜在发展可能，并为他们提供适当的挑战和支持，以促进其进一步发展。

每个学生都是独一无二的，他们拥有各自的学习风格、兴趣和优势。这就要求我们在评价时必须充分尊重并关注学生的个性差异。我们不能一刀切，不能用同一个标准去衡量所有的学生。那样的评价，既不公平，也不科学。

为了更准确地了解每个学生的学习和进步状况，我们决定采用多样化的评价方式。课堂上，我们会细心观察每个学生的表现，看他们是否积极参与课堂活动，是否认真思考，是否敢于表达自己的观点。我们还会记录他们的学习过程，看他们在学习中遇到哪些问题，是如何解决的。此外我们还会展示他们的作品，让他们的努力得到认可和赞赏。

在评价任务的设计上，我们特别注重任务的挑战性和适应性。我们希望通过设置具有挑战性的任务或问题，鼓励学生主动探索和解决问题。这些任务既不会过于简单，让学生感到乏味，也不会过于困难，让学生产生挫败感。相反，它们应该位于学生的最近发展区内，既能锻炼学生的自主学习能力，又能让他们在学习过程中获得成就感和自信心。当学生完成一个挑战性的任务、解决一个复杂的问题时，他们会感到无比的满足和自豪。

为了让学生更好地自我评价和反思，我们会定期组织学生进行学习反思和自我评价的活动。我们会引导他们回顾自己的学习过程，总结自己的学习经验，找出自己的不足，并制订改进的计划。

在小学数学教学中，以学生为中心的评价是一个全新的篇章。这个篇章既充满了挑战，也充满了希望。我们相信，只要我们始终坚持以学生为中心，始终关注学生的实际成长需求，并借鉴维果茨基的最近发展区理论等先进教育理念，我们就能够开启一个全新的评价时代。

二、聚焦学生本身，全面评价学习效果

在小学数学教学中，评价作为教学的重要环节，其核心在于对学生学习过程本身的深入理解和全面评估。布卢姆的教育目标分类学为我们提供了一个多维度的评价框架，它强调从知识、理解、应用、分析、综合和评价等六个层

次来全面考查学生的学习效果。以此为指导，我们的评价应紧密围绕学生的学习过程、学习成果及其发展情况，不仅关注学习成果，更关注学习过程中的态度、方法和习惯。

在课堂上，我们细心观察学生的参与度，评估他们是否愿意主动发言，是否愿意与同学分享自己的观点，这体现了对学生理解层次和交流能力的关注。同时，我们也关注学生的合作能力，观察他们是否能够与他人有效地沟通和协作，这涉及学生的社会交往和团队协作能力。

课后作业的检查则是对学生知识掌握情况和应用能力的重要反馈。通过作业，我们可以了解学生对知识点的掌握程度及他们在解题过程中的思路和方法，这直接关联到布卢姆分类学中的知识和应用层次。

为了进一步全面评价学生的学习效果，我们还通过小组合作和项目式学习等方式，观察学生在团队中的表现和贡献。在小组合作中，我们评估学生是否能够积极参与讨论，为团队出谋划策，这涉及学生的分析、综合和评价能力。在项目式学习中，我们看学生是否能够独立完成任务，并展现出创新思维和解决问题的能力，这更是对学生高层次思维能力的考查。

数学是一门需要不断实践和应用的学科，因此我们在评价时会设计一些与实际应用有关的数学问题，让学生在解决问题的过程中展示自己的数学能力和实践智慧。这样的评价方式不仅能够检验学生的知识掌握情况（知识层次），还能锻炼他们的实际操作能力（应用层次），提高他们的数学素养（综合和评价层次）。

此外，我们还会定期与学生进行面对面的交流，了解他们在学习过程中遇到的困难和挑战及他们的学习需求和期望。在交流中，我们也会给予学生积极的反馈和建议，帮助他们更好地认识自己，提高学习效果。这体现了对学生个体差异和特长爱好的关注，也是布卢姆分类学中"以人为本"教育理念的具体体现。

三、遵循成长规律，科学进行评价

在小学数学教学中，科学评价的重要性不言而喻。它不仅是衡量学生学习效果的标尺，更是促进学生身心健康成长的关键。因此，我们必须遵循小学生的身心成长规律，结合建构理论，制定科学的评价标准和方法。

建构理论强调，学生的学习是一个主动建构知识的过程，而非简单地接受外部信息。在这一过程中，学生的身心特点、认知能力和情感体验都起着重要作用。因此，在评价时，我们不能简单地套用成人的标准，而应该深入了解小学生的身心特点，制定符合他们发展阶段的评价标准。

在低年级阶段，小学生的形象思维占据主导地位，他们对于直观、生动的事物更感兴趣。基于建构理论，我们应注重评价方式的直观性和趣味性，通过图形、色彩等元素来激发学生的学习兴趣，帮助他们更好地建构数学知识。例如，在评价学生的计算能力时，我们可以采用图形化的方式，让学生通过画图形来计算结果，这样既符合他们的思维方式，又能激发他们的学习积极性，促进他们对数学概念的主动建构。

随着学生年级的升高，他们的抽象思维逐渐发展，对于逻辑推理和问题解决的能力要求也越来越高。在这一阶段，结合建构理论，我们在评价时应更加注重逻辑性和推理性，可以设计一些具有挑战性的数学问题，让学生运用所学知识进行推理和解决问题。这样的评价能够鼓励学生主动思考和探索，培养他们的逻辑思维能力和问题解决能力，进一步促进他们对数学知识的深入建构。

在建构理论看来，学生的情感体验是学习过程中不可或缺的一部分，它影响着学生的学习动力和自信心。因此，在数学学习中，当学生遇到困难时，我们应给予积极的反馈和鼓励，帮助他们建立自信心和学习兴趣。例如，当学生在解决数学问题的过程中遇到困难时，我们可以引导他们思考解决问题的方法，并给予适当的提示和鼓励，让他们感受到成功的喜悦。

四、成长与发展，评价的核心指向

在小学数学教学中，我们深知评价并非简单的打分或者评级，而是对学生学习过程和成果的全面审视，更是对他们成长与发展的关注和引导。评价的核心指向，始终聚焦在学生的成长与发展上。

我们要明确评价的根本目的是促进学生的成长。这意味着，评价不仅要反

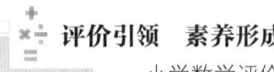

映学生当前的学习水平，更要揭示他们的学习潜力和进步空间。通过定期的评价，我们帮助学生认识到自己在数学学习中的优点和不足，从而为他们提供有针对性的学习建议，引导他们制订个性化的学习计划。

在这个过程中，我们非常重视学生的进步情况。每个学生都是独一无二的，他们的学习节奏和进步轨迹也各不相同。因此，我们会通过对比学生不同时期的表现，发现他们的进步并给予即时的肯定和鼓励。关注进步的评价方式能够激发学生的学习兴趣和动力，让他们在数学学习中保持积极向上的态度，不断追求卓越。

除了关注学生的知识和技能的掌握情况，我们还致力于培养他们的综合素养。在评价过程中，我们注重考查学生的问题解决能力、合作与沟通能力及创新思维等多个方面。通过设计具有挑战性的任务和活动，我们让学生在实践中锻炼自己的综合能力，提升他们的数学素养。

为了更全面地评价学生的成长与发展，我们还采用多元化的评价方式。除了传统的笔试和口试，我们还引入观察、记录、作品展示等多种评价手段。这些评价方式能够更真实地反映学生的学习过程和成果，帮助我们更全面地了解学生的发展状况。

在小学数学教学中，我们以学生的成长与发展为评价的核心指向，通过科学、全面的评价方式和手段关注学生的个性差异和特长爱好，激发他们的学习兴趣和动力，培养他们的综合数学素养。

五、面向未来，可持续发展的评价观

在小学数学教学中，我们的评价观念不仅着眼于学生当前的学习成效，更重视他们未来的可持续发展。可持续评价观是对传统教育评价的一种深化和拓展，它要求我们不仅关注学生的知识水平，还要深入挖掘他们的潜力，培养他们的自主学习能力和数学思维。

面向未来的评价观，首先要培养学生的自主学习能力。自主学习能力是学生未来发展的重要基础，它决定了学生能否在不断变化的社会环境中持续学习、不断进步。在小学数学教学中，我们通过评价来引导学生学会学习，培养他们的自主学习意识和能力。我们鼓励学生积极参与学习过程，制订自己的学习计划，监控自己的学习进度，并学会反思自己的学习效果。通过这样的评价方式，学生不仅能够掌握数学知识，还能在学习过程中培养自己的自主学习能力。

为了更有效地培养学生的自主学习能力，我们还会在评价中关注学生的自我管理能力、信息处理能力及学习策略的运用等方面的情况。我们会设计一些需要学生自主探索的问题和任务，让他们在实践中锻炼自己的学习能力，同时也帮助他们发现适合自己的学习方法和策略。

除了自主学习能力，拓展学生的数学思维也是我们评价观的重要一环。数学思维是学生未来数学学习和应用的关键能力，它决定了学生能否灵活运用数学知识解决实际问题。在小学数学教学中，我们通过多样化的评价方式，如数学游戏、数学探究等，来锻炼学生的数学思维能力和解决问题的能力。我们会设计一些富有挑战性的数学问题，让学生在解决问题的过程中发展自己的数学思维。我们也会关注学生的创新探索思维的培养，鼓励他们对已知的数学问题进行深入的思考和探索，提出自己的见解和解决方案。

在小学数学教学中，我们会通过评价来引导学生形成积极的数学情感态度，培养他们的团队合作精神和创新意识。我们会关注学生的学习兴趣和学习动机，通过正面的反馈和鼓励来增强他们的学习积极性和自信心。我们也会通过评价来培养学生的社会责任感和公民意识，让他们在数学学习的过程中学会关注社会、关注他人。

第二节　多元化、全面性的评价原则

在小学数学教学中，我们应当坚持多元化和全面性的评价原则，以全方位、多角度地评估学生的学习情况。通过采用多样的评价方法如口试、实践操作，并涵盖知识技能、过程方法及情感态度价值观等多个层面，同时引入同学互评和家长评价，确保评价结果的客观性和准确性。这种评价方式不仅能全面反映学生的学习状况，提升学习效果，还能有针对性地培养他们的数学素养、学习态度和创新思维，从而充分挖掘每个学生的个性和发展潜力，为他们的深度发展提供坚实基础，助力他们成为具备扎实数学综合素养的新时代人才。

一、多元化评价原则

多元化评价是指采用多种评价方法和手段，从多个角度对学生的数学学习进行全面、客观的评估。在小学数学教学中，我们应坚持多元化评价原则，通过采用口试、观察、作品展示、实践操作等多种评价方法全面评估学生的数学知识、数学素养、学习态度、合作精神与创新思维，并引入同学互评、家长评价等多元化评价主体，从而更准确地掌握学生的学习情况。

（一）评价方法的多元化

传统的笔试评价方式虽然能够测试学生对数学知识的掌握情况，但却无法全面反映学生的实际操作能力和解决问题的能力。因此，我们需要采用多种评价方法，以便更全面地了解学生的学习情况。

以下是一些常见的评价方法及其应用实践的梳理（见表1）。

表1 多元化评价方法及其应用实践

评价方式	优点	缺点	应用场景
笔试评价	能够准确测试学生对数学知识的掌握情况；便于统一评分和比较	无法全面反映学生的实际操作能力和解决问题的能力；可能导致有应试教育倾向	期末考试、期中考试、单元测试等标准化考试场景
口试评价	能够直接了解学生的数学思维过程和表达能力；锻炼学生的口头表达能力	可能受学生口头表达能力和紧张情绪的影响；评价的主观性较强	了解学生的数学思维过程和表达能力，如开放性问题的回答
观察评价	能够全面了解学生的学习态度、合作精神和实践能力；评价过程自然、真实	可能受教师主观判断的影响；需要较长时间进行观察和记录	观察学生在课堂上的表现、小组讨论中的参与情况及课后的自主学习行为
作品展示评价	能够充分展示学生的数学才能和创造力；激发学生的学习兴趣和创新意识	可能受学生创作能力和展示技巧的影响；评价的主观性较强	展示学生的数学作品，如数学小报、数学模型等
实践操作评价	能够检验学生的动手能力和解决问题的能力；培养学生的科学探究精神	可能受实验条件和操作难度的影响；需要较多的时间和资源	让学生进行实验性、探究性的数学活动，如测量、统计等
同伴评价	能够促进学生之间的相互学习和交流；提供多元化的反馈	可能受学生之间关系的影响；评价的主观性较强	小组合作项目、课堂讨论等场景，让学生相互评价学习成果和表现
自我评价	能够培养学生的自我反思和自我管理能力；增强学生的自主性	可能受学生自我评价能力的影响；评价的主观性较强	让学生在完成学习任务后进行自我反思和评价，如填写学习日志
家长/社区评价	能够提供对学生学习情况和行为的全面反馈；增强家校/社区合作	可能受家长/社区成员主观判断的影响；需要建立良好的沟通机制	家长/社区成员对学生的家庭作业、课堂表现等进行评价，提供反馈

续表

评价方式	优点	缺点	应用场景
数字化学习平台评价	能够实时跟踪学生的学习进度和成绩；提供个性化的学习建议	可能受技术条件和学生使用习惯的影响；需要专业的技术支持	利用数字化学习平台进行在线测试、练习和作业提交，自动评价学生的学习情况
项目式学习评价	能够评价学生的综合能力，如团队合作能力、问题解决能力等	需要较多的时间和资源；评价过程可能较为复杂	让学生在完成一个实际项目的过程中展示他们的数学能力和创新思维

（二）评价内容的多元化

基于核心素养发展的小学数学教学评价包含的评价内容不仅有数学知识技能，还有思维、学习态度等多方面评价内容，具体评价内容可以参考如下内容（见表2）。

表2 多元化评价内容

评价内容	表现描述	评价要点
数学素养	学生能够理解并掌握数学概念、原理和方法，能够运用数学知识解决实际问题，具备数学思维和逻辑推理能力	对数学概念、原理和方法的理解与掌握程度；运用数学知识解决实际问题的能力；数学思维的灵活性和创新性；逻辑推理和问题解决能力
学习态度	学生在课堂上积极参与，认真完成作业，有自主学习的意识和行为，对待学习有积极的心态和持久的兴趣	课堂参与度和学习专注度；作业完成情况和准确性；自主学习能力和终身学习意识；学习心态和兴趣的持续性
合作精神	学生能够在小组活动中积极参与，与他人合作，共同完成任务，展现出良好的团队协作和沟通能力	在小组活动中的参与度和贡献度；与他人合作的能力和态度；团队协作能力和沟通能力；解决合作中冲突的能力

续表

评价内容	表现描述	评价要点
创新思维	学生能够独立思考，提出新的想法和解法，具有创新意识和探索精神，能够灵活运用数学知识进行创造性思考	独立思考和提出新想法的能力；对数学问题的探索和创新解法；创新意识和数学思维能力；灵活运用数学知识进行创造性思考
实践能力	学生能够通过实际操作和实验，将数学知识应用于实际问题中，展现出动手能力和实践操作技能	实际操作和实验的能力；将数学知识应用于实际问题中的能力；动手能力和实践操作技能；实践中的问题解决能力
数学语言与表达	学生能够准确使用数学术语和符号进行表达和交流，能够清晰解释数学概念和解题思路	使用数学术语和符号的准确性；数学概念和解题思路的清晰解释能力；数学语言的表达能力和交流能力；对数学问题的准确阐述
持久性与毅力	学生在学习过程中能够保持持久的努力和毅力，面对困难时能够积极寻求解决方案并坚持下去	学习过程中的持久性和毅力；面对困难时的积极态度和寻求解决方案的能力；对学习目标的坚持和追求；克服学习障碍的毅力

（三）评价主体的多元化

在小学数学教学中，教师、学生、家长和智能技术形成了多元化评价主体，通过各自的评价方式共同促进学生的成长进步（见表3）。

表3 多元化评价主体

评价主体	评价方式	评价内容	作用与意义
教师	课堂观察、作业批改、定期测试、个别指导	课堂参与度、学习态度、思考深度、知识掌握程度、个体差异	全面了解学生学习状况，提供针对性指导，调整教学策略，促进学生个性化发展
学生	自评、互评	自身长处与短板、学习目标与方向、同伴优点与错误	增强学生自我意识，培养自主学习能力，促进同伴间相互学习与交流，提升团队合作能力和反思成长能力

续表

评价主体	评价方式	评价内容	作用与意义
家长	家庭学习习惯、学习态度、作业完成情况观察	学习习惯、学习态度、家庭中的学习情况	提供对学生个体差异和学习需求的全面了解,为教师提供反馈和建议,促进家校共育,增强家长对孩子学习的参与和支持
智能技术	大数据与人工智能分析、学习轨迹与成绩变化预测	学习数据深度挖掘、个性化教学建议、学习趋势与难点预测	提供个性化、精准的教学建议,帮助教师及时调整教学计划,提高教学效率,确保评价的客观性和公正性,为学生提供更加个性化的学习体验

二、全面性评价原则

全面性评价原则要求在小学数学教学中全方位、多角度地评估学生的知识技能掌握、学习过程与方法、情感态度与价值观及个性与发展,以确保客观准确地了解学生的全面情况,为其提供更个性化、更科学的教学指导和建议。

(一)知识技能的全面评价

在小学数学教学中,知识技能的全面评价是确保学生掌握数学核心知识和关键技能的重要环节。这一环节涉及数学知识的广度和深度及学生对这些知识和技能的运用。

数学知识的广泛性是全面评价的基础。从初级的数的认识到高级的几何证明,数学涵盖了多个领域,每个领域都有其独特的知识点和技能要求。在数与代数领域,学生需要掌握数的概念、性质和运算规则,能够进行基本的算术运算和代数式的简化。在空间与几何领域,学生需要理解图形的性质、分类和变换,能够运用几何知识解决实际问题。在统计与概率领域,学生需要学会收集、整理和分析数据,能够理解概率的基本概念和计算方法。

为了确保学生全面掌握这些数学知识,教师需要精心设计评价方案。评价内容应覆盖所有关键知识点,既包括基本概念和原理,也包括知识的应用和拓展。评价方案应具有层次性,以适应不同学生的学习水平和需求。通过书面测试、口头提问、实际操作等多种评价方式，教师可以全面了解学生对数学知识的掌握情况，发现他们的优点和不足。

数学技能的培养和评价也是全面评价的重要方面。计算能力、逻辑推理能力、证明能力等数学技能不仅关乎学生的学业成绩，更影响着他们未来的数学思维和发展潜力。为了准确评价学生的数学技能，教师需要结合教材内容、课程标准及学生的实际情况制定科学的评价标准和方法。

在计算能力方面，教师可以通过设计不同难度的计算题目来评价学生的计算速度和准确性。在逻辑推理能力方面，教师可以通过逻辑推理题目或数学问题的解决来评价学生的逻辑思维和问题解决能力。在证明能力方面，教师可以通过几何证明题目来评价学生的证明思路和表达能力。

（二）过程与方法的全面评价

在小学数学教学中，过程与方法的全面评价是提升学生学习效率和解决问题能力的重要手段。它不仅关注学生的最终答案，更重视学生在解题过程中所展示的思维方式和解题方法。

为了全面评价学生的学习过程，教师需要深入观察学生的解题思路。每个学生的思维方式都是独特的，他们在解题过程中可能会采用不同的策略和方法。通过观察学生的解题步骤，教师可以了解他们的逻辑推理能力和问题分析能力，从而判断他们在数学学习上的优势和不足。例如，在解决一个复杂的数学问题时，有的学生可能喜欢采用逆向思维，从问题的结论出发逐步推导；有的学生则可能更倾向于正向思维，根据问题的条件逐步推理。无论选用哪种方式，只要学生能够合理、有效地解决问题，都应该得到肯定和鼓励。因此，教师需要关注学生的解题思路，给予他们充分的自由和空间来展示自己的思维方式和解题方法。

对学生学习方法的评价也不容忽视。高效的学习方法能够帮助学生更快地掌握知识、提高解题效率。因此，教师需要关注学生的学习习惯、时间管理、资源利用等方面。例如，有的学生可能善于利用图表或图形来辅助理解问题，而有的学生则可能更善于通过文字描述来分析问题。无论选用哪种方式，只要学生能够有效地理解和解决问题，就应该被视为有效的学习方法。

(三)情感态度与价值观的全面评价

在小学数学教学中,对学生情感态度与价值观的评价是评估学生成长的重要一环,这不仅关乎学生的学业成绩,更影响着他们的人生观、世界观及未来的人生轨迹。

积极的学习态度能激发学生的学习热情,使他们在面对困难和挑战时保持坚韧不拔的精神。这种态度不仅有助于学生在数学学习中取得优异的成绩,更能培养他们在生活中面对各种问题的积极心态。为了全面评价学生的情感态度,教师需要细心观察学生在课堂上的表现,注意他们的学习热情、参与度及与同学的合作态度。教师可以通过课后的交流和互动进一步了解学生的内心世界和对数学学习的真实感受。

正确的价值观能引导学生形成良好的学习习惯和道德品质,为他们的未来发展奠定坚实的基础。在数学教学中,教师可以通过实际案例和数学史实的讲述引导学生理解数学在社会发展中的重要作用及数学家们追求真理、不断探索的精神。这样,学生不仅能学到数学知识,更能在潜移默化中树立正确的价值观。为了评估学生的价值观,教师可以通过组织讨论、撰写学习心得等方式让学生表达自己的观点和看法,从而了解他们的价值取向。

为了更准确地评价学生的情感态度和价值观,教师需要采用多种方法收集信息。问卷调查是一种有效的手段,可以设计针对学习态度、合作意愿、对数学的认识等方面的问题,让学生匿名填写,以便教师更真实地了解学生的想法。个别访谈和小组讨论也是很好的补充方式,它们能让教师更深入地了解学生的内心世界和价值观。

(四)个性与发展的全面评价

在小学数学教学中,注重学生的个性与发展评价是至关重要的。每个学生都是独一无二的个体,教师需要关注学生的个性差异,并根据这些差异提供个性化的教学方案和评价策略。

为了深入了解学生的个性特点,教师可以通过一对一的交流、课堂观察和家长沟通等方式全面了解学生的性格、爱好和学习习惯。例如,有些学生可能善于逻辑思考,喜欢挑战难题;有些学生则可能更注重实际应用,喜欢通过动手实践来学习。了解这些个性特点后,教师可以更好地满足学生的学习需求,提升他们的学习效果。

教师应根据学生的个性特点制定个性化的评价方案。对善于逻辑思考的学生,教师可以设计更具挑战性的数学问题,以激发他们的思维潜力;对注重实践的学生,教师可以组织丰富的数学活动,如测量、建模等,让他们在动手实践中理解和掌握数学知识。教师应采用多元化的评价方式,如口头反馈、书面评价、同学互评等,以全面、客观地评估学生的学习成果。

除了关注学生的个性特点外,教师还应重视学生的发展潜力。每个学生都有其独特的发展轨迹和成长速度。教师可以通过对比学生不同阶段的学习表现来评估他们的进步情况和成长潜力。对于表现出色的学生,教师应给予即时的肯定和鼓励,以激发他们的学习动力;对于暂时落后的学生,教师应耐心指导,帮助他们找到适合自己的学习方法,实现自我突破。

第三节　重视过程与结果相结合的评价导向

在小学数学教学评价中，我们应坚持过程与结果相结合的评价导向，这种评价方式旨在通过课堂观察、学习档案记录、学生自评互评等手段全面追踪学生的学习过程，及时对学生进行激励并发现其潜能和需求，同时结合测试、作品展示及学习报告等成果检验方式，客观准确地衡量学生的知识技能掌握情况，二者相辅相成，共同构建起一个既能反映学生的学习态度、方法和合作能力，又能体现其知识掌握程度和技能运用水平的全面评价体系，从而指导教师有针对性地调整教学策略，激发学生的学习兴趣和动力。

一、过程评价

过程评价是全流程、即时性、指导性和调节性的评估方式。它通过口头评价、阶段性总结和交互性评价等手段全面关注学生在学习过程中展现的学习态度、方法、能力及合作精神，旨在发现学生潜能，并帮助教师灵活调整教学策略以满足学生的个性化需求。

（一）过程评价的概念

过程评价，顾名思义，是对学生在学习过程中所展现出的各种非智力因素进行的全面评估。过程评价方式不仅关注学生的知识掌握情况，更注重学生在学习过程中表现出的学习态度、学习方法、学习能力及合作精神等。与传统的结果评价不同，过程评价着眼于学生的阶段成长与进步，尊重每个学生的个体差异，致力于发现和发展学生的多方面潜能。

在现代教育理念中，学生的成长不仅仅局限于学习成绩的提升，还包括其学习态度、自主学习能力、团队协作能力等多方面的发展。过程评价正是基于这样的理念，通过对学习过程的深入观察和分析，帮助学生认识自我，建立自信，并促进他们在原有水平上的继续发展。

（二）过程评价的要求

1. 全流程评价

全流程评价强调对学生学习过程的全面监控。从课前预习开始，教师就需要对学生的准备情况进行检查，了解学生对即将学习内容的预期掌握程度。在课堂学习中，教师需要密切关注学生的参与程度、理解深度和思维活跃度，确保教学内容能够得到有效传递。在课后复习环节，通过了解作业和复习任务的完成情况，教师能够评估学生对知识的巩固程度。这种全流程的评价不仅为教师提供了全面了解学生学习状态的机会，也为后续教学调整提供了有力依据。通过持续的监控和评估，学生能够逐渐形成良好的学习习惯，提升自主学习能力。

2. 即时性评价

即时性评价强调在学生学习过程中给予即时反馈。每当学生在某个学习环节有所表现时，教师都应迅速做出评价，让学生即时了解自己的学习状况。这种即时性的反馈能够帮助学生及时调整学习策略，避免在错误的方向上越走越远。同时，即时性评价还能营造一种紧张而有序的学习氛围，有效激发学生的学习兴趣和动力，让他们在每一个学习阶段都能保持积极向上的态度，促进学生的有效学习。

3. 指导性评价

指导性评价要求教师在发现问题后不仅指出问题所在，还要给出具体的解决建议和指导。这需要教师深入了解学生的实际情况，包括他们的学习风格、兴趣爱好、能力水平等，以便提供更具有针对性的建议。通过具体、可操作的学习建议，学生能够更加明确自己的改进方向，少走弯路，更快地实现学习目标，提高学习效率，增强学习自信心和自我管理能力。

4. 调节性评价

调节性评价体现了过程评价的灵活性。在教学过程中，学生的学习进度和反馈情况可能随时发生变化。调节性评价要求教师能够根据这些变化随时调整

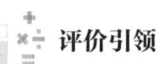

评价策略和内容。这种评价方式能够适应学生的个性化需求，让每个学生都能得到最适合自己的指导。同时，调节性评价也给予教师更大的教学自由度，使他们能够根据实际情况进行有针对性的指导，改善学生的学习体验。

（三）过程评价的方式

1. 口头评价

口头评价是教师在教学过程中即时给予学生的过程性反馈，方式灵活、直接，能够迅速纠正学生的学习偏差，引导他们走向正确的学习轨道。口头评价不仅可以针对学生的个人表现，还可以对小组或全班的学习情况进行总结和评价，从而激发学生的学习兴趣和竞争意识。

2. 阶段性总结

阶段性总结是在一段时间，如一个单元、一个活动，抑或是一个环节结束后，对学生的学习情况进行的全面回顾和评价。这种评价方式能够帮助学生清晰地看到自己的进步和不足，为下一阶段的学习制定更明确的目标。阶段性总结还可以作为教师调整教学策略的重要依据，确保教学更加符合学生的实际需求。

3. 交互性评价

交互性评价是强调学生之间及学生与教师之间的短期互动交流的评价反馈。让他们在评价他人的同时也反思自己的学习表现。交互性评价还能让教师更加深入地了解学生的内心世界和学习需求，为后续的教学活动开展提供指引。

二、结果评价

结果评价是对学生学习成果的客观、准确、有效评估，通常具有滞后性和总结性的特点。它主要通过测试与考试检验知识技能，通过作品展示评估学生实践能力和创造力，以及通过学习报告反映学生的总结和反思。这些方式共同构成了全面衡量学生学习效果的重要手段。

（一）结果评价的概念

结果评价，顾名思义，是对学生学习成果的终结性评判。这种评价方式主要聚焦于学生的知识掌握情况、技能运用能力及学习目标的实现程度等核心要素。它不仅是检验学生学习效果的重要手段,更是教师调整和完善教学策略的关键依据。教育者和学习者通过结果评价,能够清晰了解到哪些知识点已经被牢固掌握,哪些技能已经熟练运用及学习目标是否达成。

在教育领域,结果评价扮演着至关重要的角色。它为学生提供了一个展示自己学习成果的平台,也为教师提供了一个评估其教学效果的机会。通过结果评价,教师可以调整教学方法和策略,以确保学生的学习进程沿着正确的轨道前进。结果评价还为学生提供了反馈和建议,帮助他们更好地认识自己的学习状况,从而制订更有效的学习计划。

(二)结果评价的要求

1. 客观性

在进行结果评价时,首要的要求就是保持客观公正的态度。评价者不能因个人情感、偏好或主观判断而影响对学生学习成果的评价。学生的成绩和表现应该基于明确、统一的标准进行评判,以确保每个学生都能得到公平、准确的评价。客观性的要求还体现在数据的收集和分析上必须采用科学、合理的方法来获取和处理学生的学习成果数据,以确保评价结果的可靠性。

2. 准确性

结果评价的准确性是评价工作有效性的基础。评价者需要对学生的学习成果进行精确、细致的评估,避免出现误差和偏见。为了实现准确性,评价者可以采用多种评价方式和方法,如标准化测试、教师评价、学生自评等,以便更全面地了解学生的学习情况。评价者还需要对评价标准进行严格的界定和解释,以避免主观臆断和误解。

3. 有效性

结果评价的有效性体现在其能否真实地反映学生的学习效果,并为教学改进提供有价值的反馈。为了实现有效性,评价者需要设计具有针对性的评价任务和问题,以便能够准确地衡量学生的学习成果。评价结果还需要及时、具体地反馈给教师和学生,以便他们能够根据反馈调整教学和学习策略,实现持续改进。

4. 滞后性

结果评价通常是在一段学习时间结束后进行的,因此它具有一定的滞后性。这种滞后性使得评价者能够对学生在这段时间内的学习成果进行全面的评估,从而更好地了解学生的学习效果。然而,滞后性也可能导致评价结果的反馈不够及时,影响教学调整的及时性。因此,在评价过程中需要权衡滞后性与及时反馈之间的关系。

5. 总结性

结果评价是对学生学习成果的全面总结,它概括了学生在一段时间内的学习表现和成就。这种总结性的评价有助于学生了解自己的整体学习状况,发现自己的长处和不足。总结性的结果评价也为教师和学生提供了一个反思和改进的机会,促进教与学的持续发展。

(三)结果评价的方式

1. 测试与考试

测试与考试是结果评价中最常用、最直接的方式。通过定期的测试和考试,教师可以系统地检验学生对知识的掌握程度和技能运用能力。这种方式具有标准化、量化的特点,能够客观地反映学生的学习成果。测试和考试还能激励学生努力学习,争取更好的成绩。但需要注意的是,测试和考试只是评价学生学习成果的一种方式,不能过分强调分数和排名,以免给学生带来过大的压力。

2. 作品展示

作品展示是一种富有创造性和实践性的结果评价方式。通过鼓励学生展示自己的作品,如数学小报、数学模型等,教师可以直观地评价学生的创造力、实践能力和团队协作能力。作品展示不仅能够激发学生的学习兴趣和动力,还能培养他们的创新思维和解决问题的能力。在作品展示过程中,教师需要给予学生充分的指导和支持,帮助他们发挥自己的潜力。

3. 学习报告

学习报告是学生对自己学习成果的总结和反思。通过撰写学习报告,学生可以回顾自己的学习过程、梳理知识点、分析自己的优点和不足,并设定下一步的学习目标。学习报告有助于培养学生的自主学习能力和自我反思能力，同时也能为教师提供有关学生学习状况的全面信息。教师在评价学习报告时，需要关注学生的思路清晰度、问题分析能力及解决策略等方面情况。

三、过程评价与结果评价的关系

过程评价和结果评价是相互补充、相互促进的两个方面，它们在教学评价中各自扮演着重要的角色，共同构成了完整的教学评价体系。

（一）过程评价为结果评价提供了基础和背景

过程评价关注的是学生在学习过程中所展现的态度、方法、努力及合作精神等。这些非智力因素虽然不直接体现在学生的分数上，但却是影响学习效果的关键因素。过程评价就像一个细致的观察者，时刻记录着学生的学习轨迹，为教师提供宝贵的第一手资料。

学生在学习过程中的每一次尝试、每一次努力，都是他们学习成果的基石。而这些正是过程评价所关注的。通过过程评价，教师可以及时发现学生学习过程中遇到的问题和困难。例如，当发现某个学生在解决问题时总是采取错误的思路时，教师就可以及时介入，给予正确的引导。这样不仅可以帮助学生纠正错误，还可以避免他们在错误的道路上越走越远。

过程评价也是提升学生学习效果的关键环节。当学生在学习过程中表现出积极的态度和使用高效的学习方法时，教师可以通过即时的肯定和鼓励，进一步激发学生的学习兴趣和动力。这种正面的反馈，不仅能够提升学生的自信心，还可以促使他们在后续的学习中更加投入。

因此，过程评价是结果评价的重要前提和基础，没有过程评价的细致观察和即时反馈，结果评价就可能变得片面和失真。

（二）结果评价是过程评价的延伸和验证

结果评价是对学生学习成果的直观展现。它通过分数、等级等形式，简洁明了地反映了学生在一段时间内的学习效果和知识技能掌握情况。这种评价方式虽然看似简单，但却是验证过程评价有效性和针对性的重要手段。

结果评价可以检验学生在经过一段学习过程后，是否真正掌握了所学的知识和技能。例如，在一次数学测试中，如果学生取得了优异的成绩，那么就说明他们在之前的学习过程中付出了努力，并且这种努力得到了回报。这既是对学生努力的肯定，也是对过程评价的一种验证。

结果评价还可以为教师的教学改进提供有价值的反馈和指导。当发现学生的成绩普遍偏低时，教师就需要反思自己的教学方法和策略是否存在问题。教师通过深入分析学生的答题情况，可以找出教学中的薄弱环节，从而有针对性地进行改进。以结果为导向的教学反思和改进可以促使教师不断完善自己的教学策略和方法，提高教学效果。

第四节 基于学业质量标准的评价要求

小学数学学业质量标准是评估学生数学学习成效的重要依据，它关注学生的知识技能、学习态度及学习方法，旨在全面、客观地评价学生的数学学习。从一年级到六年级，学业质量标准逐步提升学生的数学素养和问题解决能力，为他们未来的学习和职业发展奠定基础。在这个过程中，评价标准不断演变，从对数感和初步计算能力的培养，到逻辑推理、模型意识的形成，再到数据分析和问题解决能力的提升，最终要求学生能够综合运用所学知识解决实际问题，并展现出自主探究和创新精神。这一系列的评价标准，不仅促进了学生数学知识的系统化学习，也推动了他们数学思维能力和创新精神的培养。

一、学业质量标准的概念内涵

学业质量标准是指学生在学习过程中所应达到的一定水平和要求。它是对学生学习成果的评价标准，同时也是对学生学习能力和素质的要求。

学业质量标准主要从学生经过一段时间学习后的核心素养达成及发展情况来评估，这些素养包括抽象能力、推理能力、运算能力、几何直观和空间观念等。该标准还关注学生在真实情境中解决问题的能力，如模型观念、数据观念、应用意识和创新意识等。除此之外，学生的学习态度、学习习惯、自我反思意识等情感、态度和价值观方面的发展也是学业质量标准的重要组成部分。

学业质量标准与课程内容密切配合，从学生视角将课程内容转化为对学习结果的行为描述。它属于表现标准，用于评估学生在完成课程学习后的具体表现。

学业质量标准不仅关注学科知识，还关注对数学思想的感悟、基本活动经验的积累及通过数学课程学习所形成的核心素养的表现。

学业质量标准具有学段特征，即根据不同学段的学生认知和发展水平来制定相应的标准。它属于表现标准，侧重于描述学生在学习过程中的表现和学习结果，而非仅仅关注知识内容的掌握情况。

二、小学数学学业质量标准的意义

小学数学学业质量标准是指导教学、评估学生、促进教育公平、提升教育质量及衔接后续教育的关键工具，对全面提升学生的数学学习成绩和未来的发展具有重要作用。

（一）指导教学

小学数学学业质量标准为教师的教学活动提供了清晰的目标指引。在教学计划的制订过程中，教师需要参考学业质量标准，明确每个学期、每个单元甚至每一节课的教学目标。这样，教师的教学活动就会更加有针对性，不会出现盲目教学或者教学偏离重点的情况。

学业质量标准还能指导教师进行教学活动的设计。教师可以根据学生的实际情况，结合学业质量标准，设计出既符合学生认知水平，又能有效提升学生数学学业质量的教学活动。这样的教学活动不仅能激发学生的学习兴趣，还能让学生在轻松愉快的氛围中掌握数学知识和技能。

学业质量标准还能帮助教师进行教学反思。教师可以通过对比学生的实际表现与学业质量标准反思自己的教学方法和手段是否得当，从而及时调整教学策略，更好地帮助学生提高数学学业质量。

（二）评估学生

小学数学学业质量标准是评估学生数学学习成绩的客观依据。通过对比学生的实际表现与学业质量标准，教师可以全面、客观地了解学生在数学学习上的优点和不足。

学业质量标准的评估作用不仅体现在对学生知识技能的掌握情况的衡量上，还体现在对学生学习态度、学习习惯及学习方法的评估上。教师可以通过学生的作业、测验、考试等表现，结合学业质量标准，对学生的数学学习进行全面的评价。

学业质量评估有助于教师及时发现学生的学习问题，为学生提供个性化的指导和帮助。教师可以根据学生的实际情况制订针对性的辅导计划，帮助学生解决学习上的困难，提高他们的数学学业质量。

（三）促进公平

小学数学学业质量标准的实施，有助于促进教育公平。这一标准是建立在对学生发展规律的深入研究基础上的，它适用于所有学生，不受地域、学校、家庭背景等因素的影响。

实施统一的学业质量标准，意味着所有学生都将按照相同的要求和标准进行学习和评价，这不仅能够保证教育的公平性，还能够让每一个学生都有机会接受高质量的数学教育。无论是城市还是农村的学生，无论是富裕家庭还是贫困家庭的学生，都将在同一起跑线上竞争，凭借自己的努力和才能取得好成绩。

（四）提升质量

小学数学学业质量标准的实施，对提升教育质量具有积极的推动作用。这一标准不仅关注学生的知识技能掌握情况，还注重对他们的数学思维能力和创新精神的培养。

为了达到学业质量标准的要求，学校需要不断改进教学方法和手段，提高教学效果。教师需要不断更新教育理念，积极探索新的教学方法和策略，以激发学生的学习兴趣和积极性。学校还需要加强对学生的数学思维能力和创新精神的培养，通过开展各种数学活动和竞赛，提高学生的数学素养和创新能力。

因此，学业质量标准的实施能够推动学校不断改进教学方法和手段，提升数学教育质量。它也能够促进教师之间的交流和合作，共同探索更好的教育方式和方法，为培养出更多具备数学素养和创新能力的学生做出贡献。

（五）衔接后续

小学数学学业质量标准与初中、高中的数学课程标准相衔接，为学生后续的数学学习打下了坚实的基础。学生在小学阶段达到了相应的学业质量标准，能够更好地适应更高阶段的数学学习要求。

数学是一门系统性很强的学科，小学、初中和高中的数学学习是相互衔接、逐步深入的。小学阶段的数学学习是后续数学学习的基础，而学业质量标准的实施能够确保学生在小学阶段掌握扎实的数学基础知识和技能。这样，当学生进入初中和高中阶段时，他们就能够更加顺利地适应更高难度的数学学习要求，实现数学学习的连贯性和系统性。

因此，小学数学学业质量标准的实施对学生后续的数学学习具有重要意义。它能够帮助学生打下坚实的数学基础，为他们的未来发展提供有力的支持。

三、小学数学基于学业质量标准的评价要求

在《义务教育数学课程标准（2022年版）》的指导下，小学数学的学业质量要求与标准对于一年级到六年级的学生来说，各有侧重点，同时又相互衔接，形成一个系统的评价体系。

（一）一年级

一年级是学生学习数学的起点，这个阶段的教学至关重要。在这一年里，我们着重培养学生的数感和初步的计算能力。数感，简而言之，就是对数字的感觉和理解。为了使学生能够更好地掌握这一基础技能，我们通过多样化的教学方法来帮助学生认识数字，理解数字之间的关系。

在教学过程中，我们要求学生能够认识并运用基本的数学符号，如加号、减号、等号等。这些符号是构建数学语言的基础，也是学生进行初步计算的重要工具。我们通过生动的课堂活动和实例，让学生理解这些符号的意义，并学会在适当的场合运用它们。

我们还着重培养学生对数字大小和加减法的直观理解能力。通过具体的物品计数、比较大小等活动，让学生直观地感受到数字的变化和加减法的本质。这种直观的教学方式不仅能够激发学生的学习兴趣，还能帮助他们更好地掌握数学知识。

在评价学生的学习效果时，我们以激发学生对数学的兴趣和好奇心为主要标准。我们鼓励学生在课堂上积极发言，提出自己的见解和问题。通过简单的

问题解决来检验学习效果不仅能够及时了解学生的学习情况，还能够激发他们的学习动力，为后续的数学学习打下坚实的基础。

（二）二年级

在二年级的数学教学中，我们在一年级的基础上进一步巩固学生的数感和计算能力。通过更加复杂的数学问题和实际应用场景，让学生更加深入地理解数字之间的关系和运算规律。

在这个阶段，我们开始引导学生接触更复杂的数学概念和运算，如乘法、除法的初步认识，通过生动的课堂活动和实例帮助学生理解这些运算的本质和意义，并使其学会在解决实际问题中运用它们。这种循序渐进的教学方式不仅能够提升学生的计算能力，还能够培养他们的逻辑思维和问题解决能力。

在评价学生的学习效果时，我们开始关注学生的问题解决能力和思维逻辑性的发展。我们鼓励学生通过独立思考和合作学习相结合的方式解决具有一定难度的数学问题。我们还注重培养学生的语言表达能力，让他们能够清晰地阐述自己的解题思路和方法。

（三）三年级

进入三年级，学生的数学知识和技能得到进一步拓展。学生开始接触分数的初步认识、简单的几何图形等更加深入的知识点。这些知识点不仅能够提升学生的数学素养，还能够培养他们的空间观念和抽象思维能力。

在教学过程中，我们注重通过实例和直观的教学方式来帮助学生理解分数和几何图形的概念和性质。我们还鼓励学生通过动手操作和实践探索来加深对知识点的理解和掌握。这种理论与实践相结合的方式不仅能够提升学生的学习效果，还能够培养他们的实践能力和创新意识。

在评价学生的学习效果时，我们增加了对学生空间观念的培养和检验。学生通过解决与空间相关的数学问题和创设实际应用场景，可以更加深入地理解空间与数学之间的关系。我们还注重学生运用数学知识解决实际问题的能力的发展，鼓励学生将所学的数学知识应用到实际生活中去，解决具有一定难度的实际问题。如此可检验学生的学习效果，培养他们的实践能力和创新意识，为其未来的数学学习和职业发展打下坚实的基础。

（四）四年级

四年级是学生数学知识体系逐渐完善的阶段。在这一年里，学生开始深入学习各种运算律、性质等。这些内容是数学学科的核心知识，对于学生打下坚实的数学基础至关重要。通过掌握这些运算律和性质，学生能够更加灵活地运用数学知识提高解题效率和准确性。

在四年级的数学教学中，评价标准发生了显著变化，更加强调对学生的逻辑推理能力和模型意识的培养。逻辑推理能力是数学思维的重要组成部分，它要求学生能够根据已知条件进行推理、判断，得出结论。而模型意识则是一种重要的数学思维方式，它要求学生能够将实际问题抽象成数学模型，通过数学模型来解决问题。这两种能力的培养有助于学生更好地理解数学知识，提高问题解决能力。

在这个阶段，学生需要能够运用所学知识解决稍微复杂的问题。这要求学生不仅要有扎实的数学基础，还要具备一定的思维能力和问题解决策略。教师在教学过程中需要引导学生分析问题、梳理思路、寻找解题方法，帮助学生逐步提高解决问题能力。

（五）五年级

五年级是数学知识系统化的关键时期。在前四年的基础上，学生开始接触更高级的数学概念，如比例、概率等。这些概念不仅拓宽了学生的数学知识视野，也为他们后续学习更复杂的数学知识打下了基础。

在五年级的数学教学中，评价标准加强了对学生数据分析和问题解决能力的考察。数据分析是现代社会中不可或缺的一项技能，它要求学生能够收集、整理、分析数据，并根据数据做出合理的推断和预测。问题解决能力则是学生综合运用所学知识解决实际问题的能力，它要求学生能够独立思考、分析问题、提出解决方案。这两种能力的培养对于学生未来的学习和职业发展具有重要意义。

在这个阶段，学生需要能够独立解决具有一定难度的问题，并表现出创新思维。教师在教学过程中需要鼓励学生敢于尝试、勇于创新，培养他们的创新意识和实践能力。教师还需要关注学生的个体差异，针对不同学生的特点和需求提供有针对性的指导和帮助。

（六）六年级

六年级是小学数学学习的顶峰阶段。在这一年里，学生的数学知识达到小学阶段的最高水平，开始涉及更复杂的数学概念，如负数、方程等。这些概念的引入不仅丰富了学生的数学知识体系，也为他们后续进入初中阶段的数学学习做好了铺垫。

在六年级的数学教学中，评价标准不仅关注学生的知识技能掌握情况，还注重对学生的数学思维能力和创新精神的培养。数学思维能力是学生理解数学知识、解决数学问题的关键能力，而创新精神则是学生不断探索、勇于尝试的重要品质。这两种能力的培养对于学生未来的数学学习和个人发展都具有重要意义。

在这个阶段，学生需要能够综合运用所学知识解决实际问题，并具备一定的自主探究能力。教师在教学过程中需要引导学生将数学知识应用到实际生活中去，解决真实的问题。教师还需要鼓励学生进行自主探究学习，培养他们的独立思考能力和自主学习能力。

基于核心素养的小学数学评价体系构建 | 第三章

在这个以知识和创新为主导的时代，核心素养已然成为教育的重要指向标。它不仅涵盖了知识技能、情感态度、实践创新等多个层面，更是学生终身发展和适应未来社会所必需的关键能力和必备品格。小学数学作为基础教育的重要学科之一，肩负着培养学生逻辑思维能力、问题解决能力等重要任务。因此，构建一个以核心素养为导向的小学数学评价体系，不仅是对学生学业成果的科学评定，更是对他们未来发展潜力的深度挖掘。

构建基于核心素养的小学数学评价体系，正是我们在新时代背景下，对教育评价改革的一次积极探索。这一评价体系的构建，首先须遵循一定的原则，搭建起基本框架。同时进一步细化具体指标，明确每一项指标的内涵，让评价更加具有针对性和可操作性。在实施这一评价体系时，我们需要采取灵活多样的策略和方法，还要积极探索多元化的评价方式，激发学生的学习积极性，培养他们的自主学习能力，进而提升他们的数学核心素养，为他们的未来发展奠定坚实基础。

第一节　构建原则与基本框架

以核心素养为导向的小学数学教学评价体系,以明确数学教学目标为基础,围绕核心素养设定全面科学的评价标准,将核心素养融入数学教学全过程,科学评价教学效果,并构建包含评价理念学习、评价知识方法掌握、评价实践、评价解释及反思改进在内的完整框架。这一体系不仅关注学生的知识掌握情况,更重视对数学思维、问题解决能力等多方面的培养,旨在通过多元化的评价方式,全面了解学生的学习情况,为教师提供有针对性的指导,使其及时调整教学策略,从而不断提升小学数学的教学质量,促进学生数学思维能力的提升。这一评价体系的建构,体现了以学生发展为本的教育理念,是新时代小学数学教学的重要创新。

一、基于核心素养的小学数学评价体系构建原则

以核心素养为引领,我们致力于构建小学数学评价体系,旨在明确教学目标,精心制定评价标准,让数学教学之旅贯穿核心素养培育的始终。通过多元化的评价方式,我们科学地衡量教学效果,助力学生在数学的海洋中畅游,绽放思维的火花,成就精彩人生。

(一)基于核心素养,确立教学评价目标导向

在小学数学教育中,核心素养的培养和评价是至关重要的。核心素养作为学生必须掌握的关键能力和必备品格,是我们进行教学评价的核心参照。因此,确立以核心素养为基础的教学评价目标,对于引导学生多维深度发展、提高教学质量具有重要意义。

核心素养不仅仅局限于数学知识的传授,它更关注的是对学生的数学思

维、问题解决能力、情感态度等多方面的培养。这些能力和品格的形成，需要教师在教学过程中有意识地引导和培养，通过各种教学手段和方法来激发学生的思维活力，提升他们的综合素养。

为了确立明确的教学评价目标，我们需要从核心素养的角度出发，对小学数学课程标准进行深入研究。我们要明确每一个知识点背后所蕴含的核心素养要求及这些要求如何体现在学生的学习成果中。例如，在教学《面积和体积》时，除了让学生掌握基本的计算公式外，我们更要关注他们的空间思维能力和解决实际问题的能力，通过设计具有挑战性的任务和活动让学生在实践中不断探索和创新，从而提升他们的核心素养。

确立以核心素养为基础的教学评价目标，有助于我们更全面地评估学生的学习成果。我们不再仅仅关注学生的分数和排名，而是更加注重他们的思维能力、创新能力、情感态度等方面的表现。这样的评价方式，不仅能够真实反映学生的学习情况，还能够引导他们养成积极的学习态度和良好的学习习惯。

以核心素养为基础的教学评价目标也有助于我们及时发现教学中的问题并进行有针对性的改进。在教学过程中，我们要密切关注学生的学习动态，及时发现他们在核心素养方面的不足和需求。针对这些问题，我们可以调整教学方法和策略，提供更加有针对性的指导和帮助，从而不断提升教学质量。

在实施以核心素养为基础的教学评价时，我们还需要注意评价的多元性和个性化。每个学生都有自己独特的天赋和潜力，我们不能用单一的标准去衡量所有学生。因此，在评价过程中，我们要充分尊重学生的个体差异，采用多元化的评价方式和方法，让每个学生都能在评价中找到自己的价值和成就感。

（二）以核心素养为尺度，精细化教学评价标准

在小学数学教学评价中，精细化的评价标准是确保教学评价科学性和有效性的关键所在。为了确保评价能够真实、客观地反映学生的学习情况，并为教师的教学提供有力的反馈和指导，我们需要以核心素养为尺度，从多个维度出发制定全面、具体且可操作的评价标准。

精细化数学教学评价标准需要关注学生的数学知识与技能掌握情况，这不仅是数学学习的基础，也是进一步培养学生数学思维、问题解决能力等其他核

心素养的前提。在评价过程中，我们要通过测试、练习、作业等多种方式全面考查学生对数学概念、原理、方法的理解和运用能力。我们还要关注学生在不同学习阶段的知识掌握情况和发展变化，以便为他们提供即时、有效的指导和帮助。

数学思维和问题解决能力是精细化数学教学评价标准中的重点内容。为了培养学生的这些能力，我们需要在评价中设计具有挑战性的数学问题和情境，观察学生如何运用数学知识解决实际问题。在评价过程中，我们要关注学生的思维方式、解题策略及问题解决过程中的创新性和灵活性等方面情况，以便更全面地评估他们的数学思维和问题解决能力。

学生的学习态度、合作与交流能力也是精细化数学教学评价标准中不可忽视的方面。学习态度反映了学生对数学学习的重视程度和努力程度，而合作与交流能力则是学生未来社会生活中的重要素养。在评价过程中，我们要通过观察、问卷调查、访谈等多种方式了解学生的这些方面表现，以便为他们提供更加个性化的教学支持和引导。

为了确保精细化数学教学评价标准的可操作性和实用性，我们需要结合具体的教学内容和学生实际情况制定细化的评价指标和评分细则。这些指标和细则不仅要涵盖上述各个方面的内容，还要具有明确性、可量化性和可操作性等特点。这样不仅可以使教师更加明确评价的标准和要求，还可以提高评价的客观性和公正性。

在实施精细化数学教学评价时，我们还需要注意评价的即时性和反馈性。即时有效的评价和反馈可以帮助学生及时了解自己的学习情况和存在的问题，从而调整学习策略和方法以提高学习效果。教师也可以根据评价结果对教学方法和策略进行有针对性的改进和优化以提高教学质量。

（三）融入核心素养，贯穿数学教学评价全过程

在小学数学的教学中，核心素养不仅是一个抽象的教育目标，更是一个实实在在、需要融入每一节课的教学理念。当我们将核心素养的评价理念贯穿数学教学评价的全过程时，我们实际上是在为学生打造一个全方位、多维度的学习环境，使他们在每一个学习环节都能感受到数学的魅力，从而培养他们的数

学核心素养。

新知识的引入，是激发学生兴趣、建立知识框架的关键环节。在这一环节中，教师可以通过生活中的实例、有趣的数学故事等引出新的知识点，同时评价学生对新知识的兴趣和初步理解。例如，在引入"分数"的概念时，可以用"分蛋糕"的情境来激发学生的兴趣，并通过他们的反应来评价他们对分数的初步认识。

探究学习，是培养学生自主学习、合作探究能力的重要环节。在这一环节中，教师可以通过设置开放性的问题或任务让学生自主探究、合作交流，寻找问题的解决方案。评价时，不仅要关注学生的答案是否正确，更要关注他们在探究过程中的思维活跃度、合作能力等核心素养的表现。例如，在探究《三角形的内角和》时，可以让学生通过量角器测量、剪拼等方法来自主探究，评价他们在探究过程中的表现。

实践操作，是提升学生动手能力、加深其对知识理解的重要环节。在这一环节中，教师可以通过设计实验、制作模型等活动，让学生在动手实践中感受数学知识的应用。评价时，要关注学生的实践操作能力、空间想象力及解决问题的能力。例如，在《图形的变换》这一节中，可以让学生通过制作图形变换的模型来加深对图形变换的理解，并评价他们的实践操作能力和空间想象力。

课堂小结，是回顾知识、总结方法的重要环节。在这一环节中，教师可以通过提问、讨论等方式，引导学生回顾本节课所学的知识，总结解题方法和思路。评价时，要关注学生的归纳总结能力、语言表达能力等核心素养。例如，在小结《因数和倍数》这一节时，可以让学生自主总结因数和倍数的概念及性质，并评价他们的归纳总结能力和语言表达能力。

二、基于小学数学核心素养的评价框架建构

小学数学核心素养评价框架的构建，需教师深悟核心素养之精髓，娴熟掌握多元评价方法，勇于实践，精准解读学生成长，更需不断自省与革新，方能以文雅之笔，绘制学生全面发展的绚丽画卷。

（一）深入理解核心素养评价理念

深入理解核心素养评价理念，是构建基于小学数学核心素养评价框架的基石。这一理念的掌握，不仅关乎教师的专业素养，更影响着学生的全面发展。因此，教师必须对核心素养评价理念有深刻的认识和理解。

核心素养，简而言之，就是学生应具备的、能够适应终身发展和社会发展需要的必备品格和关键能力。在小学数学教育中，这些核心素养主要体现在数学思维、问题解决能力、情感态度等方面。

为了深入理解核心素养评价理念，教师需要从多个层面进行努力。首先，要积极参加相关培训和研讨活动，通过专家讲解、案例分析等方式，不断提升自己对核心素养评价理念的认识和理解。

其次，与同行的交流也是提升对理念理解水平的重要途径。教师可以通过参加教研活动、学术沙龙等方式，与同行分享自己的经验和看法，听取他人的意见和建议，从而不断完善自己对核心素养评价理念的理解。

最后，教师需要在日常教学中不断尝试以核心素养为导向的评价方式。只有将理念与实践相结合，教师才能真正掌握核心素养评价理念的精髓。在教学中，教师可以通过设计具有挑战性的数学任务、关注学生的问题解决过程、鼓励学生进行自我评价和互评等方式，来贯彻核心素养评价理念。

（二）系统掌握核心素养评价方法

系统掌握核心素养评价方法是实施基于核心素养评价的重要环节。教师需要掌握一套科学、全面的评价方法，以便准确衡量学生在核心素养各个方面的发展情况，进而调整教学策略。

教师需要设定明确的评价标准。标准应该围绕核心素养的各个方面，包括数学思维、问题解决能力、情感态度等，确保评价具有针对性和全面性。在制定评价标准时，教师可以参考相关的教育理论和实践经验，同时结合学生的实际情况和教学需求，制定出符合自己教学特点的评价标准。

教师需要掌握多元化的评价方式。除了传统的笔试和口试外，还可以采用观察、作品分析、自评与互评等方式来全面了解学生的学习状况。例如，教师可以通过观察学生在课堂上的表现、参与小组讨论的情况及完成作业的过程等，来评估学生的数学思维能力和问题解决能力。教师也可以鼓励学生进行自我评价和互评，培养他们的反思能力和团队协作精神。为了系统掌握这些评价方法，教师需要不断学习新知识、新技能，可以通过阅读相关书籍、参加专业培训、观摩优秀教师的教学实践等方式来提升自己的评价能力。教师还应保持开放的心态，积极借鉴他人的成功经验，不断完善自己的评价体系。

教师亦可采用一些评价工具，开展具体的评价活动。

（1）观察法评价量表（见表4）。

表4 基于核心素养的小学数学教学观察法评价量表

观察对象：____年级____班学生

观察日期：____年____月____日

观察者：____老师

观察记录与评价：_____

观察维度	观察要点	观察方法	学生表现	评价等级（A/B/C/D）
数学思维与理解能力	理解深度、解题能力、思维逻辑性	课堂提问、练习完成、小组讨论		
问题解决与创新能力	独立思考、新解法提出、解题策略	挑战性数学问题观察		
沟通与合作能力	沟通能力、团队合作能力、问题解决能力	小组活动、合作学习任务		
自主学习与持续发展能力	自主学习意识、学习兴趣、困难应对	课外学习行为、难题应对态度		
情感态度与价值观	学习态度、数学价值认识、毅力与耐心	课堂参与度、问题反应、作业态度		
技术应用与信息处理能力	数学工具使用、信息处理与分析	数学工具使用观察、信息处理任务		

评价等级说明：

A：表现优秀，核心素养发展显著。

B：表现良好，核心素养有所体现。

C：表现一般，核心素养发展需关注。

D：表现较弱，核心素养培养需加强。

观察反馈与建议：

根据观察记录，总结学生在各核心素养维度上的表现，指出优点和不足。

针对不足之处，提出具体的教学改进建议，以促进学生核心素养的全面发展。

强调学生在特定情境下的表现，为个性化教学提供依据。同时，关注学生的个体差异，为每个学生提供适合他们发展的教学支持。

（2）作业自评量表（见表5）。

表5 基于小学数学核心素养的作业自评量表

评价对象：____年级____班学生

评价日期：____年____月____日

作业主题：_____

评价维度与要点	自评等级	自评说明
数学思维与理解展现		
是否清晰展示了对数学问题的思考过程？	A/B/C/D	
是否能够准确理解作业中的数学概念，并将其应用于解题？	A/B/C/D	
解题步骤是否逻辑严密，符合数学思维的要求？	A/B/C/D	
问题解决与创新尝试		
是否尝试了不同的解题方法，并比较了它们的优劣？	A/B/C/D	
在遇到难题时，是否能够独立思考，寻找新的解题策略？	A/B/C/D	
解题方案是否具有一定的创新性或独到之处？	A/B/C/D	
沟通与合作体现		

续表

评价维度与要点	自评等级	自评说明
是否清晰、准确地表达了自己的解题思路？	A/B/C/D	
是否与同学或老师进行了有效的沟通，以解决作业中的疑问？	A/B/C/D	
在小组作业中，是否积极参与，与团队成员共同完成了任务？	A/B/C/D	
自主学习与持续发展		
是否主动查找了与作业相关的课外资料或学习资源？	A/B/C/D	
在完成作业的过程中，是否对自己的学习进行了有效的反思和总结？	A/B/C/D	
是否根据作业反馈，制订了进一步的学习计划或提升策略？	A/B/C/D	
情感态度与价值观体现		
在完成作业时是否保持了积极、认真的态度？	A/B/C/D	
是否认识到数学作业对于提升自己数学素养的重要性？	A/B/C/D	
在做作业的过程中，是否体现出对数学学习的持续兴趣和热情？	A/B/C/D	
技术应用与信息处理		
是否能够熟练使用数学工具（如计算器、数学软件）来辅助完成作业？	A/B/C/D	
在处理作业中的数学信息时，是否表现出了准确性和效率？	A/B/C/D	
是否能够利用信息技术手段来优化作业过程和结果？	A/B/C/D	

自评反馈与改进计划：

根据自评结果，我认识到自己在哪些方面做得较好，哪些方面需要改进。

我将针对自评中发现的不足之处，制订具体的改进计划，以提升我的作业质量和数学核心素养。

我将定期回顾自评反馈与改进计划的实施情况，及时调整我的学习策略，确保我的数学素养得到全面发展。

（3）学生互评量表（见表6）。

表6　基于项目式教学小组合作的小学生互评量表

评价对象：＿＿＿年级＿＿＿班小组合作学习成员

评价项目：

评价维度	具体指标	互评等级	互评说明
项目策划	积极参与项目策划，提出有建设性的意见	A/B/C/D	
	对项目目标、任务和时间安排有清晰的认识	A/B/C/D	
	能够与团队成员共同制订可行的项目计划	A/B/C/D	
项目实施	按时完成个人和小组任务，不拖延项目进度	A/B/C/D	
	在实施过程中，能够积极应对挑战，调整策略	A/B/C/D	
	能够有效利用资源和工具，支持项目实施	A/B/C/D	
个人表现	在项目中展现出积极、认真的态度	A/B/C/D	
	能够独立思考，提出创新的观点和解决方案	A/B/C/D	
	对自己的学习负责，持续反思和改进	A/B/C/D	
团队合作	与团队成员保持良好的沟通和协作	A/B/C/D	
	愿意倾听他人意见，尊重团队多样性	A/B/C/D	
	在团队中展现出领导力和团队精神	A/B/C/D	
成果展示	能够清晰、准确地展示项目成果	A/B/C/D	
	在展示中有效运用多媒体和技术工具	A/B/C/D	
	能够自信、有条理地回答评委和观众的问题	A/B/C/D	
经验总结	对项目过程进行深入的反思和总结	A/B/C/D	
	能够提炼出项目中的关键经验和教训	A/B/C/D	
	提出具体的改进建议，为未来的项目提供参考	A/B/C/D	

互评反馈与建议：

根据互评结果，我认为该同学在"评价维度"方面表现突出，例如在"具体指标"上做得很好。

同时，我认为该同学在"评价维度"方面还有待提升，如在"具体指标"上需要更多的努力和注意。

我建议该同学在接下来的项目式学习中，可以特别关注并改进"具体指标"，以提升个人和团队的整体表现。

此互评量表旨在全面评价学生在项目式教学小组合作学习中的表现，从项目策划、项目实施、个人表现、团队合作、成果展示和经验总结等多个维度进行考量，以促进学生全面发展。

教师还需要勇于在教学中进行实践探索。只有将评价方法应用到实际教学中去，才能真正检验其有效性和可行性。在实践中，教师可以根据学生的反馈和教学效果不断调整与优化评价方法，使其更加符合学生的实际需求和教学目标。

（三）切实开展核心素养评价实践

切实开展核心素养评价实践，是教师将核心素养评价理念和方法转化为实际行动的重要步骤。实践是检验真理的唯一标准。只有通过实践，教师才能真正了解学生在核心素养各个方面的发展情况，进而为他们提供更有针对性的教学和指导。

在制定切实可行的评价方案时，教师需要结合具体的教学内容和学生情况，确保评价方案既符合教学要求，又能全面反映学生的核心素养发展情况。评价方案包括课堂观察、作业分析、学生自评与互评等多种方式，以便更全面地了解学生的学习状况。

在课堂观察方面，教师需要保持敏锐的观察力和判断力，及时发现学生学习过程中出现的问题和困难。例如，教师可以通过观察学生的课堂参与度、思维活跃度及问题解决能力等方面，来了解学生的数学思维能力和情感态度。教师还应关注学生的个体差异，为每个学生提供个性化的指导和帮助。

作业分析是另一种重要的评价方式。教师可以通过分析学生的作业完成情况，了解他们在知识掌握、思维拓展和问题解决等方面的表现。针对学生在作业中暴露出的问题，教师可以及时调整教学策略，帮助他们更好地掌握知识和提升核心素养。

在实践过程中，教师需要注重评价结果的反馈作用。通过即时反馈，学生可以了解自己的学习情况并明确改进方向；教师也能根据评价结果调整教学策略和方法，以更好地满足学生的学习需求。

通过不断的实践探索和经验总结，教师可以逐步完善自己的评价体系并提高评价的针对性和有效性。

（四）准确进行核心素养评价解释

准确进行核心素养评价解释，是教师对学生学习情况进行全面、客观评估的重要环节。在解释评价结果时，教师需要明确学生的优点和不足，并结合具体情况为他们提供有针对性的指导和建议。

教师要对学生的优点给予充分的肯定和鼓励，不仅能够激发学生的学习动力和自信心，还能够促进他们更好地发挥自己的优势。教师也要明确指出学生在核心素养发展方面存在的不足，帮助他们清晰地认识到自己的问题所在。

在进行评价解释时，教师需要注重语言的准确性和艺术性。他们应该使用客观、公正的语言来描述学生的学习情况，避免使用过于尖锐或贬低性的言辞，以免伤害学生的自尊心和自信心。教师还可以通过生动的例子、形象的比喻等方式来帮助学生更好地理解评价结果。

除了对学生的评价结果进行解释外，教师还应通过评价结果反思自己的教学方法和策略。他们需要认真分析学生在核心素养发展方面存在的问题是否与自己的教学方法有关，并及时调整和完善自己的教学体系。例如，如果发现学生在数学思维能力方面存在不足，教师可以考虑增加一些思维训练活动和练习，帮助学生提高数学思维能力。

（五）持续进行核心素养评价反思与改进

持续进行核心素养评价反思与改进，是教师提升教学评价能力、促进学生学习进步与思维发展的关键环节。评价不仅是对学生学习情况的检测，也是对教师教学效果的反馈。因此，教师需要定期对自己的教学评价进行反思和总结，以便及时发现问题并进行有针对性的改进。

教师可以通过多种方式来进行核心素养评价的反思与改进。首先，撰写教学反思日记是一种有效的途径。在日记中，教师可以记录自己在教学过程中的所思所感，分析学生在核心素养发展方面的表现及自己在教学方法和策略上的优缺点。通过这种方式，教师可以更深入地了解自己的教学状况，为后续的改进提供有力的依据。

其次，参加教学研讨会也是教师进行反思与改进的重要方式。在研讨会上，教师可以与同行分享自己的教学经验，听取他人的意见和建议。通过交流和讨论，教师可以发现自己的不足之处，并从他人的成功经验中汲取灵感和启示。

最后，教师还可以邀请同行或专家对自己的教学评价提出宝贵的意见和建议。这些专业人士的见解和建议往往能够帮助教师更全面地了解自己的教学状况，发现潜在的问题并进行有针对性的改进。

在进行反思与改进的过程中，教师需要保持开放的态度，应该勇于面对自己的不足和错误，并积极寻求改进的方案和措施。教师也要关注学生的学习需求和反馈意见，以便更好地满足他们的学习需求。

通过持续的反思和改进，教师可以不断提升自己的教学评价能力并为培养具有核心素养的学生奠定坚实基础。这不仅有助于学生的关键能力形成，也能提升教师的教学水平和专业素养，实现教与学的共同进步。

第二节　具体指标及其内涵

基于核心素养的小学数学评价体系，应综合考量学生的数感、量感、符号意识、运算能力、几何直观、空间观念、推理意识、数据意识、模型意识、应用意识和创新意识等多方面的能力。这一体系不仅关注学生的数学知识和技能掌握，更重视其数学思维和解决实际问题的能力及在数学学习中展现的创新精神和实践能力。通过这样的评价体系，我们能够更全面、准确地评估学生的数学素养，引导他们在数学学习中不断提升自己。

一、数感

数感，作为学生数学核心素养的重要组成部分，涉及学生对数与数量、数量关系及数的相对大小的深刻理解与敏锐感知。这种感知并非简单的数学计算能力，而是一种对数学深层次结构和规律的把握。在评价学生的数感时，我们关注的是他们对数的直觉和灵活应用能力。

1. 理解与表达数与数量

学生应能清晰地理解数的概念，包括整数、分数、小数等各种数的表现形式及它们在实际生活中的应用。学生还需能够准确表达不同数量的实际意义，如"十个苹果"与"十分之一个苹果"在数量上的巨大差异。这种对数与数量的准确理解，是数感的基础。

2. 数量关系与相对大小的把握

数量关系是数学中的重要概念，它涉及数的加减乘除等基本运算。学生需要能够迅速判断两个或多个数之间的大小关系及它们通过运算后可能产生的结果。这种对数量关系的敏感，有助于学生在解决复杂的数学问题时快速找到突破口。

3. 数的估算能力

估算是一种重要的数学技能，它要求学生在没有精确计算的情况下，能够大致判断出一个数的范围或结果。这种能力在日常生活中极为实用，如快速判断购物时的总价是否合理等。因此，数的估算能力是评价学生数感强弱的重要指标。

4. 数和数量的敏锐感知

除了上述技能外，学生还应具备对数和数量的直觉感知。这种感知是学生在长期数学学习中积累的经验与直觉的结合，它使学生在面对复杂的数学问题时能够迅速找到解题的方向和思路。

二、量感

量感是学生对量的直观感知和理解能力，它涉及对长度、面积、体积、时间等量的概念和单位换算的掌握。在评价学生的量感时，我们主要关注他们对不同量的理解、感知及在实际问题中的应用能力。

1. 对量的概念的理解

学生需要清晰地理解各种量的基本概念，如长度的定义、面积的计算方法、体积的计量单位等。这些基本概念是量感的基础，只有准确理解了这些概念，学生才能进一步掌握和应用它们。

2. 单位换算的能力

单位换算是量感的重要组成部分。学生需要熟练掌握各种量之间的换算关系，如米与厘米、千克与克等之间的换算。这种换算能力不仅在数学学习中有着广泛的应用，也是日常生活中不可或缺的技能。

3. 对量的直观感知

除了基本的概念和换算关系外，学生还需要具备对量的直观感知能力。这种感知能力使学生在没有具体测量工具的情况下也能对量的大小做出大致的判断。例如，通过目测就能大致估计出房间的面积或物体的体积等。

4. 在实际问题中应用量感

量感的最终目的是要服务于实际问题的解决。因此，在评价学生的量感时，我们还需要关注他们在实际问题中应用量感的能力。例如，在购物时能否准确估算出商品的重量或体积，从而做出合理的购买决策等。

三、符号意识

符号意识是数学核心素养的关键组成，它体现了学生对数学符号的深刻理解与熟练运用。数学符号，作为数学语言的基础元素，承载着表达数学概念、关系和规律的重要功能。在评价学生的符号意识时，我们着重考察他们对数学符号的掌握程度及运用符号进行数学表达和推理的能力。

1. 理解数学符号

学生首先需要理解各种数学符号的含义和用途。这包括常见的运算符、关系符、函数符等及它们在数学问题中的具体作用。理解符号是运用符号的前提，只有准确理解了符号的含义，学生才能正确地使用它们。

2. 运用数学符号进行表达

在理解了数学符号的基础上，学生需要学会运用这些符号来表达数学问题。例如，使用代数式来表示数量关系，或者使用函数符号来描述变量之间的关系等。这种表达能力是符号意识的重要组成部分，它体现了学生对数学符号的熟练运用程度。

3. 运用数学符号进行推理

除了表达功能外，数学符号还承载着推理的功能。学生需要学会运用数学符号进行逻辑推理、证明和求解数学问题。这种推理能力不仅要求学生熟练掌握数学符号的运算规则和性质，还要求他们具备灵活运用这些规则和性质解决问题的能力。

四、运算能力

运算能力是数学学习中的一项基本技能，评价时不仅关乎学生的计算速度和准确性，更体现了学生对运算规则的理解和应用能力。在评价学生的运算能力时，我们着重考察他们根据法则和运算律进行正确运算的能力及在实际问题中灵活应用运算的能力。

1. 准确性与速度

运算能力的核心在于计算的准确性和速度。学生需要熟练掌握各种运算规则，包括加减乘除、乘方开方等，以确保计算的准确性。他们还需要通过大量的练习和实践提高计算速度，以便在有限的时间内完成更多的计算任务。

2. 对运算规则的理解

除了基本的计算技能，学生还需要深入理解运算规则背后的数学原理。这不仅有助于他们更好地掌握运算技巧，还能提升他们的数学思维能力。例如，理解乘法分配律的原理可以帮助学生更灵活地处理复杂的乘法问题。

3. 实际运算问题中的应用

运算能力不仅局限于纯粹的计算问题，更重要的是在实际问题中的应用。学生需要学会将实际问题转化为数学问题，并运用所学的运算规则进行求解。这种能力不仅要求学生具备扎实的数学基础，还需要他们具备一定的创新思维和问题解决能力。

五、几何直观

几何直观是数学核心素养的组成部分之一，评价这一核心素养要求学生能够通过画图来描述和分析数学问题。在数学教学评价中，对于几何直观能力的评价，可以设定以下具体的评价指标，以便更准确地评估学生的表现。

1. 图形描述的准确性

（1）学生能否准确地将数学问题转化为图形表示，图形是否能够清晰、准确地反映问题的核心要素。

（2）学生所画的图形比例是否适当，标注是否清晰，能否有效辅助问题的解决。

2. 图形分析的深度

（1）学生能否通过图形分析揭示出数学问题的本质特征和关键信息。

（2）学生是否能够通过图形识别出数学关系、规律和趋势。

3. 图形与文字的转化能力

（1）学生是否能够将文字描述的数学问题准确地转化为图形表示。

（2）学生是否能够将图形信息准确地转化为文字描述或数学表达式。

4. 利用图形解决问题的能力

（1）学生在面对数学问题时，是否能够自发地想到利用图形来辅助解决。

（2）学生利用图形解决问题的效率和准确性如何。

（3）学生能否在不同类型的数学问题中灵活运用图形进行分析。

（4）学生能否在实际生活中发现图形的应用，并利用图形解决实际问题。

5. 图形的构建与操作能力

（1）学生能否根据需要自主构建合适的图形来辅助解题。

（2）在图形操作中（如平移、旋转、缩放等），学生的准确性和熟练程度如何。

六、空间观念

空间观念是数学学习中一个至关重要的素养，它涉及学生对三维空间结构的理解和把握能力。为了有效地评价学生的空间观念，学生应具备在脑海中构建和操控几何图形的能力，这是空间观念的核心。学生应能直观地感知和理解几何图形，通过观察和操作实物或图形，对空间结构形成直观印象。学生需要深刻理解空间与几何的关系，明确几何图形在空间中的位置和相互关系及理解各种几何变换对空间结构的影响。

1. 根据物体的形状想象几何图形的能力

（1）学生能否根据日常生活中的物体或场景准确地想象并描述出对应的几何图形。

（2）在给定复杂物体的情况下，学生能否分解出其基本的几何形状。

2. 根据语言描述画出图形的能力

（1）学生能否根据简单的语言描述（如"画一个等腰三角形"或"画一个立方体"）准确且迅速地画出对应的图形。

（2）对于更复杂的语言描述（如涉及多个图形的组合或变换），学生能否理解并准确地绘制出图形。

3. 空间分析和操作能力

（1）学生能否对给定的几何图形进行空间分析，如判断两个图形的关系、计算面积或体积等。

（2）在进行图形的变换（如平移、旋转）时，学生能否准确地描述和操作这些变换。

4. 运用几何直观解决问题的能力

（1）学生能否利用几何直观来辅助解决数学问题，如通过画图来帮助理解和解答应用题。

（2）在面对复杂的数学问题时，学生能否自发地运用几何直观来简化和解决问题。

七、推理意识

推理能力是数学学习中至关重要的一项技能，它要求学生能够通过观察、实验、归纳、类比等方式获得数学猜想，并进一步寻求证据、给出证明或举出反例。评价学生的推理能力，可从如下几个指标着手。

1. 观察与实验

推理能力评价的第一步是学会观察和实验。学生需要敏锐地捕捉问题中的关键信息，并通过实验来验证自己的猜想。例如，在解决几何问题时，学生可以通过观察图形的特点提出猜想，并通过实验来验证猜想的正确性。

2. 归纳与类比

归纳和类比是推理过程中的重要方法。学生需要从特殊到一般，从具体到抽象，通过归纳得出一般性结论。他们还需要学会类比推理，将已知的知识和方法迁移到新的问题情境中，从而找到解决问题的新思路。

3. 寻求证据与给出证明

推理能力的核心在于寻求证据并给出证明。学生需要学会运用数学知识和方法来证明自己的猜想或结论。这种证明过程不仅要求学生具备扎实的数学基础，还需要他们具备严谨的逻辑思维和表达能力。

4. 举出反例

在推理过程中，学生还需要学会举出反例来验证猜想的正确性。通过举出反例，学生可以更加深入地理解数学概念，发现猜想中的漏洞和不足，从而进一步完善自己的推理过程。

八、数据意识

数据意识是在当今社会中不可或缺的一项核心能力，评价数据分析素养应关注学生能够收集、整理、描述和分析数据，并基于这些数据做出合理的推断的能力。

1. 数据的敏感性和处理能力

数据意识的评价首先要求学生具备对数据的敏感性。在日常生活中，数据无处不在，学生需要学会捕捉和关注这些数据。学生还需要掌握数据处理的基本技能，包括数据的收集、整理、描述和分析等。这些技能将帮助学生更好地理解数据，发现数据中的规律和趋势。

2. 利用数据进行决策的能力

数据意识的最终目的在于利用数据进行决策。学生需要学会基于数据做出合理的推断，这种推断能力将直接影响学生的决策质量和效果。通过数据分析，学生可以更加科学地评估各种选项的优劣，从而做出更加明智的决策。

3. 实践应用的重要性

数据意识的评价不能仅仅停留在理论层面，更需要通过实践应用来加以巩固和提升。学生应该积极参与各种数据分析项目，通过实际操作来提升自己的数据分析技能。教师也应该为学生提供更多的实践机会，帮助他们将理论知识转化为实际应用能力。

九、模型意识

模型意识是数学学习中一种重要的思维方式，它要求学生能够用数学语言表达现实世界中的数量关系，并用数学模型解决实际问题。评价小学生数学教学中模型意识的发展，应从以下几个评价指标进行评价。

1. 抽象与表达

模型意识的核心在于将实际问题抽象为数学模型。学生需要学会从复杂的问题情境中提炼出关键信息，并用数学语言进行表达。这种抽象和表达能力是模型意识的基础，它要求学生具备敏锐的观察力和丰富的数学知识。

2. 建立数学模型

在抽象和表达的基础上，学生需要进一步建立数学模型。他们需要根据问题的特点选择合适的数学工具和方法来构建模型，并确保模型能够准确地反映实际问题的本质。这个过程不仅需要学生具备扎实的数学基础，还需要他们具备一定的创新思维和问题解决能力。

十、应用意识

应用意识是数学学习中不可或缺的一部分，它体现了学生对数学在现实生活中的应用价值的认识和主动运用数学知识解决实际问题的能力。应用意识评价，有助于学生将抽象的数学知识与实际问题相联系，从而更好地理解和运用数学知识。

1. 认识数学的应用价值

学生首先需要认识到数学在现实生活中的重要作用。数学不仅仅是一门学科，更是一种解决问题的工具。无论是在科学研究、工程设计还是经济决策中，数学都发挥着举足轻重的作用。学生应该意识到，掌握数学知识不仅能够帮助他们解决学术问题，更能够助力他们解决现实生活中的实际问题。

2. 主动运用数学知识解决实际问题

在认识到数学的应用价值后，学生需要进一步学会主动运用数学知识解决实际问题。这包括从实际问题中提取数学信息，建立数学模型及运用数学方法进行求解。学生应该具备将实际问题转化为数学问题的能力，并能够灵活运用所学的数学知识找到问题的解决方案。

3. 培养应用意识的途径

为了培养学生的应用意识，教师需要在教学过程中注重理论联系实际，结合生活中的实例来讲解数学知识。教师还可以组织学生进行实践活动，如数学建模、社会调查等，让学生在实践中亲身体验数学的应用价值，从而增强他们的应用意识。

十一、创新意识

创新意识是数学学习中一项宝贵的品质，它鼓励学生独立思考，从不同的角度分析问题，并提出新的数学问题和解决方法。创新意识的评价，有助于激发学生的创新思维和探索精神，为他们在数学领域的持续发展奠定基础。

1. 独立思考与多角度分析

创新意识的核心在于独立思考和多角度分析问题的能力。学生需要学会摆脱思维定式，勇于挑战传统观念，从不同的角度审视问题。通过独立思考和多角度分析，学生可以发现新的问题、提出新的观点，并探索出独特的解决方法。

2. 提出新的数学问题和解决方法

在独立思考和多角度分析的基础上，学生需要进一步提出新的数学问题和解决方法。这要求学生具备敏锐的洞察力和丰富的想象力，能够发现数学领域中尚未解决的问题，并提出具有创新性的解决方案。

第三节　实施策略与方法

在小学数学教学中，基于核心素养的教师评价实践力是提升教学质量的关键，它要求教师深刻把握与灵活调节整体与局部的评价环境，高效转化先进的评价理念为具体的评价行为，并精准选用不同功能的评价方式。教师应根据教学需求和学生特点，科学选择评价类型，确保评价的客观性和准确性。差异化评价与集体评价的合理运用，能更全面地了解学生的学习状况和需求。而评价与教、学的协同水平则直接影响教学质量。教师需要加强教育教学观、学生发展观和评价观的协同，积极开展教、学、评一体化设计，以促进学生的学习进步和核心素养的形成。评价实践力是小学数学教师必备的专业素养，也是实现高质量教学的重要保障。

一、深刻洞察与灵活适应：整体与局部评价环境的把握与调节

评价实践力，作为教师专业素养的重要一环，首先展现在教师对整体与局部评价环境的深刻洞察与灵活适应能力上。教育教学评价不是孤立的环节，而是深深嵌套在多元、动态的教育环境之中。这就要求教师不仅要有深厚的教育教学理论基础，更需要有敏锐的市场触觉和对教育政策、社会文化背景的深刻理解。

在外部评价环境方面，一个具备高度评价实践力的教师会密切关注教育政策的调整和社会文化的变迁。教育政策导向是教师制定评价策略的重要参考，它像一盏指路明灯，引导着教师评价的方向。社会文化的影响也不容忽视，它潜移默化地塑造着学生的价值观和认知模式，进而影响着评价标准的制定。因此，教师必须对社会文化背景有深刻的认识，以便在评价过程中充分考虑到这

些因素，确保评价的公正性和有效性。

而在内部评价环境方面，教师需要对学生的具体学习情况和心理发展有细致入微的观察。每个学生都是独一无二的个体，他们的学习背景、性格特点、兴趣爱好各不相同。这就要求教师在进行评价时不能一刀切，而要根据每个学生的实际情况进行个性化评价。例如，对于学习基础较薄弱的学生，教师应注重对其基本知识和技能的评价；对于学习优秀的学生，教师则应更加注重对其创新思维和解决问题能力的评价。

在动态变化的环境中灵活调整评价策略，是教师评价实践力的重要体现。这不仅需要教师具备扎实的专业知识，更需要有敏锐的社会洞察力和灵活的应变能力。教师需要时刻保持对评价环境的敏感度，根据实际情况及时调整评价策略，以确保评价的准确性和有效性。

教师还应在封闭的评价结构中保持开放性和张力。教育教学评价是一个持续改进的过程，不是一成不变的。教师需要不断反思和调整自己的评价方式，以适应不断变化的教育环境和学生需求。这种对评价环境的把握与调节能力，不仅是教师评价实践力的重要组成部分，更是其专业素养的重要体现。

二、理念引领与工具运用：高效转化评价理念与精准选用评价工具

教师的评价实践力还深刻体现在其能否将先进的评价理念高效地转化为具体的评价行为上。评价理念是评价行为的先导，它指引着教师制定科学的评价标准、选择适宜的评价方法，并决定着评价结果的准确性和有效性。因此，教师需要不断学习新的评价理念，深刻理解其内涵和意义，以便更好地指导自己的评价实践。

将理念转化为行动并非易事，这需要教师具备深厚的教育教学评价理论知识和丰富的实践经验。教师需要结合实际情况，将先进的评价理念转化为具有可操作性的评价策略和方法。这不仅需要教师对评价理念有深刻的理解，更需要其具备将理念与实践相结合的能力。

在评价工具的选用上，教师应遵循简洁而适宜、科学设计维度与量规、选用与创建相结合的原则。评价工具是教师进行评价的重要依托，它的选择和使

用直接影响着评价结果的准确性和有效性。不同的评价阶段和时机需要不同的评价工具，如表现性评价、档案袋评价等。教师需要根据评价目的和学生特点灵活选择和使用各种评价工具，以确保评价的针对性和实效性。

教师还应积极借助现代技术手段处理复杂的评价信息，提高工作效率和评价的精确度。随着信息技术的不断发展，越来越多的评价工具和技术被应用到教育教学评价中。教师需要不断学习和掌握这些技术，以便更好地进行评价信息的收集、整理和分析。这种对评价理念的转化能力和对评价工具的选用能力，是教师评价实践力不可或缺的一部分，也是其专业素养的重要体现。

三、灵活应用多元评价方式：精准匹配教学需求与学生特点

在教育的广阔天地中，评价方式的多样性和灵活性显得尤为关键。教师的评价实践力，在很大程度上，体现在他们能否精准选用不同功能价值的评价方式。甄别性评价、诊断性评价、引导性与激励性评价等，每一种评价方式都承载着特定的教学目的，满足不同学生的需求。

甄别性评价，如同教育的筛选器，帮助教师识别学生的不同层次和水平。这种评价方式多用于入学测试或阶段性评估，以便教师能更准确地了解学生的起点，为后续教学奠定坚实基础。通过甄别性评价，教师可以根据学生的个体差异制订更为贴切的教学计划和辅导方案。

诊断性评价如同医生的诊断工具，深入剖析学生的学习障碍和问题所在。当学生在学习过程中遇到难以解决的困难时，诊断性评价能够精准定位问题的根源。无论是知识点的缺失，还是学习方法的错误，都能通过这一评价方式得以显现。因此，教师需要善于运用诊断性评价及时发现并帮助学生解决学习中的困惑和挑战。

引导性与激励性评价则是激发学生学习兴趣和潜能的重要手段。面对学习优秀的学生，教师需要通过这种评价方式引导他们探索更深层次的知识领域，激励他们不断挑战自我，实现更高层次的学术追求。对于学习基础较薄弱的学生，引导性与激励性评价同样能够点燃他们的学习热情，帮助他们建立自信，迎头赶上。

评价引领　素养形成
——小学数学评价新思考

教师精准选用评价方式的能力，不仅关乎教学质量的提升，更关乎能否满足每一位学生的个性化需求。这种能力是教师专业素养的重要体现，也是他们实现教育目标、促进学生深度发展的关键所在。因此，教师需要不断学习和实践，提升自己的评价实践力，以便更好地服务于每一位学生的成长和发展。

四、科学选择与运用评价类型：提升小学数学教学评价效度

在小学数学教学中，科学选择与运用不同的评价类型对于准确评估学生的学习情况、提升他们的核心素养具有至关重要的作用。每一种评价类型都有其独特的功能和价值，教师需要结合具体的教学内容和学生的实际情况灵活选择和运用。

即时性评价以其即时性和灵活性深受教师的喜爱。这种评价方式可以随时随地进行，不受时间和地点的限制。在课堂教学中，教师可以通过即时性评价，如口头评价、肢体语言评价等，对学生的回答、作业和课堂表现给予即时的反馈。这种评价方式不仅能够帮助学生调整学习策略，还能够激发他们的学习兴趣和积极性。例如，当学生回答正确时，教师可以给予肯定和表扬，鼓励学生继续努力；当学生回答错误时，教师可以指出错误之处，并引导学生思考正确的答案。

甄别、选拔性评价多用于较为正式的测试或展示中，以便教师更全面地了解学生的学习成果和能力水平。在小学数学教学中，教师可以通过这种评价方式选拔出表现优秀的学生，为他们提供更高层次的学习机会和资源。甄别、选拔性评价也有助于教师了解全体学生的学习状况，为后续教学提供参考和依据。例如，教师可以根据学生的测试成绩分析学生在哪些方面存在不足，从而有针对性地制订教学计划，帮助学生提升数学能力。

活动课程评价则常常与物化评价相结合，通过学生完成的具体作品或项目来评估他们的学习成果。在小学数学教学中，教师可以设计一些具有实际意义的数学活动或项目，让学生在实践中运用所学知识解决问题。通过物化评价，教师可以直观地看到学生的学习成果和进步情况，从而更准确地评估他们的学习效果。这种评价方式不仅能够提升学生的实践能力和创新思维，还能够增强

他们的自信心和成就感。

然而，无论采用哪种评价类型，教师都应在科学的评价量规的基础上进行。科学的评价量规能够细化评价标准、明确评价要求，使评价更具有针对性和操作性。教师也应根据实际情况灵活调整评价量规以适应不同学生的学习需求和能力水平。例如，对于学习基础较薄弱的学生，教师可以适当降低评价标准和要求，以激发他们的学习积极性和自信心；对于学习优秀的学生，教师则可以提高评价标准和要求，以挑战他们的更高能力水平。

五、个性化与团队精神的融合：差异化评价与集体评价的有效运用

在小学数学教学评价中，差异化评价与集体评价是两种重要的评价方式，它们各具特色且相辅相成，共同构成了完整、科学的评价体系。

差异化评价，顾名思义，强调的是对学生个体差异的关注和尊重。每个学生都是独一无二的，他们拥有不同的学习风格、速度和兴趣。差异化评价的目的在于发掘每个学生的潜能，为他们量身打造适合自己的学习路径。例如，对于数学基础扎实、思维敏捷的学生，教师可以设置更高层次的挑战，鼓励他们探索更复杂的数学问题；对于基础相对薄弱的学生，教师则应提供更多的指导和支持，帮助他们打好基础，稳步提升。

集体评价侧重于培养学生的团队合作精神和集体荣誉感。在小学数学教学中，许多问题和项目需要学生之间的相互合作才能解决。集体评价能够激励学生为团队的成功贡献自己的力量，培养他们的协作和沟通能力。例如，教师可以组织学生进行小组数学竞赛，通过团队成绩来评价学生的学习成果，这样不仅能激发学生的学习兴趣，还能让他们在合作中学会互相学习、互相帮助。

然而，在实际教学中，评价方式的运用往往存在一些问题，如评价的针对性不强、评价方式单一等。为了解决这些问题，教师需要建立一套完善的差异化评价与集体评价的分配机制。当评价内容涉及学生的集体力量、气质与精神时，可以采用集体评价，以激发学生的团队意识；当评价内容涉及学生的学习习惯、风格及个人品位时，则应采用差异化评价，以尊重学生的个体差异。

通过差异化评价和集体评价的有效运用，教师不仅可以更全面地了解学生

的学习状况和需求，还能为他们提供更加个性化的学习方案。差异化评价和集体评价两者融合的评价方式不仅能够提升学生的学习效果，还能培养他们的团队协作精神和创新意识。

六、教、学、评的协同发展：小学数学教学评价新视角

在小学数学教学中，教学、学习和评价是相互关联、相互影响的三个重要环节。在传统的教学模式下，这三者往往是孤立的，但现代教育理念强调它们的协同发展，以实现更高效、更个性化的教学。

教学与评价的协同发展，意味着教师需要根据学生的学习情况及时调整教学策略，并通过评价来检验教学效果。评价不再是一次性的活动，而是贯穿于整个教学过程中的持续反馈机制。例如，教师可以通过课堂小测验、作业分析等方式及时了解学生对知识点的掌握情况，从而有针对性地调整教学计划，确保每个学生都能跟上教学进度。

学习与评价的紧密关联体现在评价不仅能够检验学生的学习成果，更能激发他们的学习动力。学生通过参与评价过程，可以更加清晰地认识到自己的学习进步和不足之处，从而调整学习方法，提升学习效率。例如，教师可以组织学生进行自我评价和互评，让他们在反思和交流中不断成长。

为实现教、学、评的协同发展，教师需要不断更新教育观念。教师应树立科学的教育教学观、学生发展观和学生评价观，将评价作为促进学生发展的有力工具。教师还应积极开展教、学、评一体化设计的理论研究和实践探索，以形成更具有针对性的教学方案和更科学的评价体系。

在小学数学教学中实现教、学、评的协同发展，不仅能够提高教学质量，帮助教师更好地理解和应对当前教育面临的挑战，更能培养学生的自主学习能力，推动小学数学教学的持续创新和发展。

第四章 小学数学课堂评价策略

在小学数学的殿堂里,评价不仅是衡量学生学习成果的标尺,更是激励他们勇往直前的动力。课堂评价策略,如同指引航向的明灯,照亮学生探索数学奥秘的道路。在这一章中,我们将深入探讨小学数学课堂评价策略的三大核心环节:课堂观察与实时反馈、学生自评与互评及教师评价与激励。

评价不是终点,而是新的起点。它像一面镜子,让我们看清自己的优点和不足;它像一座灯塔,指引我们前进的方向;它更像是一种动力,激励我们在学习的道路上不断前行。让我们携手共进,在小学数学的课堂上灵活运用这些评价策略,为学生打造一个充满激励与成长的学习环境吧!

在这一章的探讨中,我们将一同揭开小学数学课堂评价策略的神秘面纱,一同探寻如何通过这些策略激发学生的学习潜能,引导他们在数学的世界中自由翱翔。让我们一同期待,在这些评价策略的引领下,学生能够在数学的海洋中乘风破浪,勇往直前。

第一节　课堂观察与实时反馈

在小学数学课堂中，课堂观察与实时反馈作为评价方式，以其直观性、即时性和灵活性的特点与优势，有助于教师即时捕捉学生的学习状态和反应，从学生的学习状态、课堂反应、思维发展及学习成果等多个维度进行全面观察，同时结合口头、书面、电子化及同学间的多种实时反馈方式精准地为学生提供有针对性的学习建议和指导，从而极大地提高了教学效率，有效激发了学生的学习自主性和积极性，加强了师生互动，促进了学生之间的协作与交流，为小学数学教学注入了新的活力，成为提升教学质量、助力学生成长的有力工具。

一、课堂观察与实时反馈评价的特点和优势

课堂观察是教学研究中广泛使用的一种方法，它是指研究者或观察者带着明确的目的，利用自身感官和相关辅助工具，从课堂情境中直接或间接地收集资料，并根据这些资料进行相应的教育研究。在教学中，一般是指教师对课堂各种情况，尤其是学生学习情况的综合观察分析。实时反馈是指在教学过程中，教师或教学系统即时对学生的学习情况进行评价和反馈。基于课堂观察的实时评价反馈在小学数学教学中展现出直观、即时、灵活与临时的特点，从而显著提高教学效率，助力教学组织与课堂管理，同时促进师生互动，凸显出其在小学数学教育中的重要意义。

（一）特点

在小学数学教学中，基于课堂观察的实时评价反馈以其直观性让教师即时捕捉学生的学习状态，通过即时性确保学生立刻了解自己的学习成效，并借助

灵活性适应各种教学环境及个性化教学需求，同时其临时性的特点赋予教学动态调整的空间，从而全面提升教学效果和学生的学习体验。

1. 直观性

在小学数学教学中，基于课堂观察的实时评价反馈的直观性是一个不容忽视的特点。这种直观性首先体现在教师能直接观察到学生的学习状态，如他们的注意力集中程度。当教师站在讲台上，他们的目光可以迅速捕捉到哪些学生正在全神贯注地听讲，哪些学生可能已经开始分心。这种直接的视觉信息为教师提供了一个即时的反馈，使他们能够迅速判断当前的教学效果。

学生的面部表情也是直观性反馈的重要组成部分。一个紧锁的眉头，一个疑惑的眼神，都可能是学生对当前教学内容的困惑或不解。教师可以通过这些微妙的表情变化来迅速判断自己的教学内容是否被学生理解。这种直观性的反馈方式无须任何复杂的评估工具就能为教师提供宝贵的教学信息。

更重要的是，这种直观性的反馈是即时和真实的。它不受任何外界因素的干扰，直接反映了学生的真实学习状态。这为教师提供了一个独特的机会，可以根据学生的实时反馈来调整自己的教学策略，从而确保教学效果的最大化。

2. 即时性

在小学数学教学中，即时性是基于课堂观察的实时评价反馈的又一重要特点。这种即时性为学生和教师提供了一个独特的机会，使得学习和教学可以更加高效和有针对性。

实时反馈确保了学生能立即了解自己的学习情况。在学习过程中，学生经常会对自己的学习状态产生疑问，不知道自己是否真正掌握了所学知识。而通过即时的反馈，学生可以清晰地了解到自己在哪些方面存在不足，从而及时调整学习策略，更加专注于需要加强的领域。

即时性也使得教师可以及时纠正学生的误解或错误。在传统的教学模式中，学生可能会在错误的道路上越走越远，直到考试或练习时才被发现。而通过即时的反馈，教师可以在学生刚刚产生误解或犯错时就立即进行纠正，防止错误概念的固化。这不仅节省了学生的学习时间，也提高了他们的学习效率。

即时性还允许教师根据学生的实时反应调整教学策略，在教学过程中，教师可能会发现某些教学方法或内容并不适合当前的学生群体。通过即时的反馈，教师可以迅速识别出这些问题，并灵活地调整自己的教学策略，以更好地满足学生的学习需求。

3. 灵活性

在小学数学教学中，基于课堂观察的实时评价反馈展现出了独特的灵活性。这种灵活性首先表现在评价和反馈不受时间和地点的限制，适用于各种教学环境。无论是在传统的教室环境中，还是在在线学习平台上，教师都可以随时随地进行实时的观察和反馈。

灵活性为教师提供了巨大的便利。他们可以根据实际情况灵活地调整自己的教学内容和方法。例如，当教师发现某个教学主题对学生来说学习较为困难时，他们可以实时调整教学计划，增加更多的实例和练习，以帮助学生更好地理解和掌握数学知识。

基于课堂观察的实时评价反馈还允许教师针对不同学生的需求进行个性化的教学调整。每个学生都有自己独特的学习方式和节奏，通过实时的观察和反馈，教师可以更好地了解每个学生的学习需求和特点，从而为他们提供更加个性化的教学服务。

4. 临时性

在小学数学教学中，实时评价反馈所展现的临时性特点，实际上赋予了教学过程一种动态与灵活性。这种临时性意味着评价并不是一成不变的，而是随着课堂的实际情况进行即时的调整和优化。

实时评价通常是非正式的，更注重即时的教与学调整。这与传统的定期、标准化的评价方式形成鲜明对比。它不需要长时间的准备或复杂的评分准则，而是依赖于教师对学生的实时观察和互动。这种评价方式更为真实、自然，能够即时反映学生的学习状态和教学效果。

临时性的评价方式便于教师快速识别和解决问题。当发现学生在学习过程中出现困惑或误解时，教师可以即时给出反馈，帮助学生纠正错误，避免问题积累。即时的反馈也能激励学生，让他们感受到自己的进步和成就，从而增强学习动力。

临时性还鼓励教师和学生之间的即兴互动,增强课堂活力。在传统的课堂教学中,教师和学生之间的互动往往受限于预设的教学计划和评价准则。而实时评价的临时性特点打破了这种限制,允许教师和学生根据课堂实际情况进行即时的互动和调整。

(二)优势

在小学数学教学中,基于课堂观察的实时评价反馈能全方位提升教学效率、助力课堂管理并促进师生互动,构建高效、有序、互动的教学环境。

1. 提高教学效率

在小学数学教学中,教学效率的提高是每一位数学教师追求的目标。基于课堂观察的实时评价反馈为提高教学效率提供了有力的支持。

通过实时的课堂观察,教师能够及时捕捉学生在学习过程中遇到的难点。这些难点可能是某个抽象的数学概念,也可能是某种复杂的计算方法。无论是哪一种情况,教师都能在第一时间发现,并立即进行有针对性的教学。这种及时发现与解决学习难点的方式,避免了学生在课后花费大量时间去琢磨和理解学习难点,也避免了教师因不了解学生的学习状况而进行无效的重复教学。

在传统的教学模式中,教师往往只能按照预设的教学计划进行教学,而无法顾及每一位学生的学习需求。但现在,通过课堂观察和实时反馈,教师可以更加精确地了解每一位学生的学习状态和需求,从而为他们提供更加契合实际的教学内容。这种个性化的教学方式无疑会大大提高教学效率。

基于课堂观察的实时评价反馈还能有效减少课后补救教学的需要。因为在教学过程中,教师已经及时发现并解决了学生的学习问题,所以学生在课后无须再花费大量时间去复习和巩固。这不仅节省了学生的学习时间,也节省了教师的教学时间和资源。

2. 助力教学组织与课堂管理

在小学数学课堂上,良好的教学组织和课堂管理是确保教学质量的关键。而基于课堂观察的实时评价反馈,则为教师提供了有力的工具。

在教学过程中,教师可以通过观察学生的反应和表现来判断当前的教学节奏是否合适。如果节奏过快,会导致学生跟不上教师的步伐;节奏过慢,会使得学生感到无聊和厌倦。这时，教师就可以根据实时反馈来调整教学节奏，确保每一位学生都能在最佳的状态下进行学习。

在小学数学课堂上，学生的注意力很容易分散。而通过实时的课堂观察，教师可以及时发现哪些学生开始分心，并立即采取措施来吸引他们的注意力。教师也可以通过调整教学方式和内容来提高学生的参与度，使他们在课堂上更加活跃和积极。

在教学过程中，教师可以通过观察学生的行为和表现来预测可能出现的行为问题，并提前进行预防和干预。当课堂上真的出现行为问题时，教师也可以根据实时反馈来迅速做出反应，维持良好的教学秩序。

3. 促进师生互动

在小学数学教学中，师生互动是提高教学质量和效果的关键因素之一。而基于课堂观察的实时评价反馈则为师生互动提供了有力的支持。

在教学过程中，教师可以通过提出问题、引导学生思考等方式来激发学生的学习兴趣和思维活跃度。而学生则可以通过回答问题、提出疑问等方式来展示自己的学习成果和思考过程。双向的互动和对话不仅增强了师生之间的联系和沟通，也使得教学更加生动有趣。

在教学过程中，学生难免会遇到一些难以理解的问题和概念。这时如果教师能够即时回应并给予解答，那么学生就能更快地理解和掌握所学知识。同时这种即时的回应也能让学生感受到教师的关注和支持，从而更加积极地参与课堂活动和学习过程。

学生能够感受到教师的关注和回应也会更加积极地参与课堂活动，形成良好的学习氛围和教学效果。实时评价反馈可以让学生更加清晰地了解自己的学习状况和问题所在，从而更加有针对性地改进自己的学习方法，提高学习效果。同时学生也可以根据自己的学习情况和反馈来调整自己的学习计划和策略，更好地掌握所学知识和技能。这种积极的参与和主动的学习态度也会进一步促进师生互动的深入和发展。

二、课堂观察的维度

在小学数学课堂上,教师可以通过观察学生的学习状态是否积极、学生之间反应和互动是否热切、思维发展是否灵活及学习成果是否显著来全面评估学生的学习效果,以便及时调整教学策略。

(一)学生的学习状态

学生的学习状态是课堂观察的首要维度。积极的学习状态不仅反映了学生的学习热情和投入程度,还是教学效果的重要体现。在小学数学课堂上,教师可以通过细致的观察捕捉学生的学习状态,从而及时调整教学策略,提升教学效果。

在一节关于分数加减法的小学数学课上,教师可以通过观察学生的学习状态来评估教学效果。如果学生表现出浓厚的兴趣和积极的参与度,如他们认真听讲,积极思考,主动回答问题,这就说明学生对这个话题很感兴趣,学习状态良好。反之,如果学生显得无精打采,注意力不集中,甚至出现打瞌睡的情况,那就说明学生的学习状态不佳,教师需要及时调整教学方法,激发学生的学习兴趣。

为了保持学生的学习状态,教师可以通过设计富有挑战性的数学问题引导学生进行探索性学习。例如,教师可以设计一个问题情境:"如果你有一个苹果,要把它平均分成几份给你的小伙伴,你会怎么分?"这样的问题既能吸引学生的注意力,又能激发他们的学习热情,从而提升他们的学习状态。

(二)学生的反应和互动

学生的课堂反应和互动是评价学生学习情况的重要指标。在小学数学课堂上,教师可以通过观察学生的反应和参与互动的情况来评估学生的学习效果和课堂氛围。

例如,在一节关于图形变换的数学课上,教师可以通过提问和引导学生讨论的方式观察学生的反应和互动。如果学生能够积极思考,踊跃回答问题,并且能够与同伴进行有效的讨论和交流,那么就说明课堂氛围积极,学生的学习效果显著。反之,如果学生的反应冷淡,互动少,那么教师就需要反思自己的教学方法，尝试改变教学策略，以激发学生的学习兴趣。

为了促进学生的反应和互动，教师可以采用小组合作学习的方式，让学生在小组内进行讨论和交流。例如，教师可以让学生分组探讨："如何通过平移和旋转来设计一个美丽的图案？"这样的问题既能激发学生的创造力，又能提高他们的团队合作和沟通能力。

（三）学生的思维发展

在小学数学课堂上，观察学生的思维发展是评价学生学习情况的重要方面。教师可以通过观察学生解决问题时的思考过程、方法选择及创新思维的表现来了解学生的思维发展水平和解决问题的能力。

在一节解决复杂问题的数学课上，教师可以通过观察学生的思维过程来评估他们的思维发展水平。例如，教师可以给学生提出一个实际问题："如果你有一笔100元的预算，在给定商品价格的前提下，要购买学习用品，你会如何规划？"然后观察学生是如何分析问题、选择解决方法及最终做出决策的。在这个过程中，教师可以通过提问和引导的方式帮助学生梳理思路，培养他们的逻辑思维能力。

为了促进学生的思维发展，教师可以采用开放式问题的教学方法，鼓励学生进行多角度思考和创新性解答。例如，教了一个数学定理之后，教师可以提出一个问题："如果你是一个数学家，你会如何证明这个数学定理？"这样的问题既能激发学生的求知欲，又能培养他们的创新思维和解决问题的能力。

（四）学生的学习成果

学生的学习成果是评价学生学习情况最直接、最客观的指标。在小学数学课堂上，教师可以通过课堂练习、随堂小测验等方式来观察学生对知识点的掌握情况和应用能力。

例如，在一节关于面积计算的数学课上，教师可以通过设计一系列练习题来检验学生的学习成果。这些练习题可以分为基础题、提高题和拓展题等不同的难度级别，以便全面了解学生对知识的掌握情况。通过观察学生的答题过程和结果，教师可以评估学生对面积计算公式的理解程度和应用能力。

为了提升学生的学习效果，教师可以采用差异化教学策略，针对不同学生的特点和需求进行个性化教学。例如，对于基础较薄弱的学生，教师可以提供更多的辅导和练习机会；对于基础较好的学生，教师可以给予更高层次的挑战和拓展任务。通过这样的教学策略，教师可以帮助学生更好地掌握知识，提升他们的学习效果。

三、实时反馈方式

在小学数学教学中，教师可以通过即时的口头反馈增强学生的自信心和兴趣，利用电子化反馈提供客观即时的学习评估，通过同伴反馈促进学生间的交流合作，共同提升学生的学习效果和团队协作能力。

（一）口头反馈

口头反馈是教师在课堂上针对学生的具体表现给予的即时评价和建议。在小学数学教学中，这种反馈方式因其直接性和快捷性而被广泛采用。它不仅能够让学生迅速了解自己的学习状况，还能及时纠正学生的错误，引导他们走向正确的学习路径。

当教师在讲解一个简单的算术问题时，如"5+3等于多少"，一个学生迅速举手并正确回答了"8"。此时，教师可以及时给予积极的口头反馈："很好！你对加法的理解很准确，计算也非常迅速。"这样的反馈能够增强学生的自信心，激发他们对数学学习的兴趣。

反之，如果一个学生回答错误，如回答"5+3等于6"，教师也不应直接否定，而是可以通过口头反馈引导学生自我纠正："5+3等于6到底对不对，让我们算一下。5+3，我们一个一个数，5、6、7、8，看，是不是等于8呀？"这样的反馈方式既纠正了学生的错误，又保护了他们的自尊心，避免了直接批评带来的负面影响。

口头反馈需要教师具备良好的语言表达能力和敏锐的观察力，以便准确、及时地捕捉到学生的学习状态并给予其恰当的反馈。

（二）电子化反馈

随着科技的发展，多媒体技术和在线教育平台为小学数学教学提供了更多实时反馈的可能性。电子化反馈是一种利用这些技术为学生提供即时反馈的方式。

例如，教师可以通过在线教育平台发布一套关于分数加减法的练习题。学生在完成练习后，系统能够立即给出得分、正确率及具体的错题情况。学生可以根据这些信息及时调整自己的学习策略，针对错题进行有针对性的复习。

教师还可以利用多媒体课件中的互动功能为学生提供即时的反馈。例如，在课件中设置一个简单的算术游戏，学生每答对一道题，课件就会播放一段欢快的音乐或者显示一段鼓励性的动画。这种即时的电子化反馈能够极大地增强学生的学习积极性和参与度。

电子化反馈的优点在于其客观性和即时性，它能够准确地记录学生的学习数据，为教师提供科学的评估依据，同时也为学生提供个性化的学习路径和反馈。

（三）同伴反馈

同伴反馈是一种鼓励学生之间进行评价的反馈方式。在小学数学教学中，同伴反馈不仅能够促进学生的交流合作，还能培养他们的团队协作能力。

例如，在解决一道复杂的几何问题时，教师可以让学生分组进行讨论。每个小组内的学生需要共同分析问题、提出解决方案并进行验证。在这个过程中，学生之间可以互相评价对方的思路和方法，给予建设性的反馈和建议。这种同伴反馈能够帮助学生从不同的角度审视问题，拓宽解题思路，同时也能提升他们的沟通能力。

除了小组讨论，教师还可以设计一些角色扮演的活动来促进学生的同伴反馈。例如，让学生扮演"小老师"的角色，互相讲解数学题目的解题思路和过程。在这个过程中，"小老师"需要对学生的理解程度和解题思路进行评价和反馈，从而帮助他们更好地掌握数学知识。

同伴反馈需要教师创设一个良好的课堂氛围，鼓励学生积极参与讨论和评价。教师也需要适时地给予指导和引导，确保同伴反馈的有效性和建设性。

四、基于课堂观察的实时反馈评价步骤

在小学数学的课堂上，教师通过明确目标、精心观察、即时反馈、深入分析、灵活调整与持续关注，编织成一幅实时反馈评价的细腻画卷，助力学生在数学的海洋中乘风破浪，勇攀知识高峰。

（一）明确评价目标

在小学数学的教学过程中，实时反馈评价的首要步骤是明确评价的目标。这一步至关重要，因为它为整个评价过程定下了基调，确保了评价的针对性和有效性。

评价目标的设定需要综合考虑多个方面。首先，教师需要清晰地了解课程标准和教学大纲的要求，明确学生在本阶段应该掌握的数学知识和技能。这包括基本的数学概念、计算方法、问题解决策略等。其次，教师还需要考虑学生的个体差异。每个学生都有不同的学习特点和能力水平，因此评价目标应该具有一定的层次性，以适应不同学生的需求。

在明确评价目标时，教师还需要注意目标的可操作性和可衡量性。这意味着评价目标应该具体、明确，能够通过一定的观察和测量来进行验证。例如，教师可以设定"学生能够准确地进行两位数的加减法运算"这样的具体目标，这样在教学过程中就可以通过观察学生的运算过程和结果来评价他们的学习成效。

评价目标的设定还需要与教学计划相结合。教师应该根据教学进度和学生的学习情况适时地调整评价目标，以确保评价的时效性和针对性。通过明确评价目标，教师可以更加有针对性地观察学生的课堂表现，为后续的实时反馈提供准确的方向。

（二）制订课堂观察计划

制订课堂观察计划是基于课堂观察的实时反馈评价的关键步骤之一，这一步骤需要教师在课前做好充分的准备，以确保在课堂上能够系统地、有针对性地观察学生的表现。

教师需要确定观察的重点，这可以根据之前设定的评价目标来确定。例

如，如果评价目标是考察学生的计算能力，那么观察的重点就应该放在学生的计算过程、方法和结果上。

教师需要选择合适的观察方法。课堂观察的方法有很多种，如全程记录、时间抽样、事件抽样等。教师可以根据具体的评价目标和课堂情况来选择合适的观察方法。例如，如果评价目标是了解学生的整体表现，那么全程记录可能是一个较好的选择；如果评价目标是了解学生的特定行为或技能，那么时间抽样或事件抽样可能更加合适。

在制订观察计划时，教师还需要考虑观察的时机和频率。观察的时机应该与评价目标紧密相关，以确保能够捕捉到学生的真实表现。观察的频率也需要适中，既要保证能够收集到足够的数据，又要避免过于频繁的观察对学生造成干扰。

教师需要设计合适的记录工具，包括观察表格、记录本等，以便在课堂上快速、准确地记录学生的表现。通过制订详细的课堂观察计划，教师可以更加有条理地进行课堂观察，为后续的实时反馈提供有力的支持。

（三）进行实时观察

实时观察是课堂评价中至关重要的一环，它要求教师在课堂进行中对学生的行为、表现和反应进行细致且即时的观察。这一过程对于提供准确的实时反馈和评价学生的学习状态至关重要。

在进行实时观察时，教师需要关注学生多个方面的情况，包括学习态度、参与度、合作与互动、解题步骤的正确性、对知识的理解和应用等。例如，当讲解一个新的数学概念时，教师可以通过观察学生的面部表情和肢体语言来判断他们是否理解。如果学生表现出困惑或不解，那么这可能是教师需要进一步解释或举例的信号。

观察不仅仅是看，还需要系统地记录。教师可以使用预先设计的观察表或笔记本快速记录学生的关键行为和反应。例如，当学生进行小组讨论时，教师可以记录哪些学生积极参与，哪些学生相对沉默及学生之间互动的质量。

现代科技也可以辅助教师进行实时观察。例如，使用课堂管理软件可以追踪学生的在线活动，了解他们在课堂上的参与度。一些教育软件还能提供学生答题的实时数据和分析，帮助教师更精确地了解学生对知识的掌握情况。

在观察过程中，教师需要保持客观和中立的立场，避免个人偏见影响观察结果的准确性。这需要教师具备专业素养和敏锐的观察力，以确保所收集到的信息是真实、客观的。

为了让学生展示最真实的自我，教师需要与学生建立信任关系。这样，学生在课堂上才会更加放松、自然地表现，从而有助于教师获得更准确的观察数据。

（四）提供即时反馈

即时反馈是基于课堂观察的实时反馈评价中的核心环节。有效的即时反馈能够帮助学生及时了解自己的学习状态，调整学习策略，并激发学习动力。

教师在提供即时反馈时，需要确保反馈内容具体、有针对性。例如，当学生完成一道数学题目时，教师不仅可以指出答案是否正确，还可以针对学生的解题步骤和方法给予评价和建议。这样的反馈能够帮助学生更清晰地了解自己的优点和不足。

即时反馈应该包含正面激励和建设性批评两个方面。当学生表现出色时，教师要即时给予肯定和表扬，以增强学生的学习自信心和动力。当学生出现错误或不足时，教师也要以建设性的方式指出问题，并提供改进的建议和方向。

每个学生都有独特的学习方式和节奏。因此，教师在提供即时反馈时，需要根据学生的个体差异，给予个性化的评价和建议。例如，对于基础较弱的学生，教师可以更多地关注其进步和闪光点，给予鼓励和引导；对于基础较好的学生，教师可以提出更高的要求和挑战，促使其持续发展。

除了口头反馈外，教师还可以利用书面反馈、肢体语言、面部表情等多种方式来传递评价信息。这些多样化的反馈方式可以更加全面地表达教师的评价意图，同时也有助于学生更好地理解和接受反馈内容。

即时反馈的即时性是其有效性的关键。教师在课堂上应该抓住时机，即时给予学生反馈。这样可以确保学生在最短的时间内了解自己的学习情况，并做出相应的调整。即时反馈还有助于保持学生的学习热情和参与度，使他们在课堂上更加专注和投入。

（五）记录并分析观察结果

在进行了实时观察并提供即时反馈后，教师需要详细记录观察结果。这包括学生在课堂上的具体表现、反应速度、正确率、参与度等各方面的数据。这些数据对于后续的教学调整至关重要，它们能够帮助教师更准确地了解学生的学习情况。

例如，教师可以记录下哪些学生在课堂上表现积极，哪些学生在解题过程中存在困难及学生在面对不同难度的题目时的反应等。这些数据不仅反映了学生的学习效果，还能揭示出教学方法是否得当、教材难度是否适中等问题。

分析观察结果时，教师应采用定性分析与定量分析相结合的方法。定性分析可以帮助教师理解学生的具体表现和行为模式，而定量分析则能提供更精确、可比较的数据支持。例如，教师可以通过定性分析来描述学生在课堂上的整体表现，如"大部分学生能够积极参与课堂讨论，但仍有少数学生显得较为被动"。通过定量分析，教师可以得出更具体的结论，如"在今天的课堂小测验中，85%的学生正确回答了所有问题，而其余15%的学生在某一类题型上出现了错误"。

记录和分析观察结果的最终目的是改进教学。因此，教师需要深入挖掘数据背后的原因，了解学生学习困难或表现不佳的根源。这可能是因为教学方法不当、教材内容过难、学生学习态度不佳或其他外部因素的影响。例如，如果发现某一部分内容学生的错误率普遍较高，教师就需要反思这一部分内容的教学方法是否得当，是否需要增加更多的实例讲解或练习题来帮助学生理解和掌握。

现代技术工具如学习管理系统、数据分析软件等可以帮助教师更有效地分析观察结果。这些工具能够自动收集、整理和分析学生的学习数据，为教师提供更直观、更全面的分析报告。例如，一些在线教育平台具有提供学生的学习进度报告、答题正确率统计等功能，这些数据可以帮助教师更快速地了解学生的学习情况，从而及时调整教学策略。

（六）调整教学方法

基于之前的观察和分析结果，教师需要有针对性地调整教学内容。如果学生在某一知识点上普遍表现不佳,那么教师应考虑增加对该知识点的讲解和练习时间,或者采用更直观、更生动的教学方式来帮助学生理解。例如,对于抽象的数学概念,教师可以引入更多的实际应用案例或使用动态演示工具来帮助学生形成直观的理解。

不同的学生有不同的学习风格和需求,教师需要根据学生的特点来调整教学方法。例如,对于视觉型学习者,教师可以利用图表、图像和视频等多媒体内容来辅助教学;对于听觉型学习者,教师可以录制讲解音频或在课堂上进行更多的口头讲解。教师还可以尝试不同的教学模式,如翻转课堂、小组合作学习等,以激发学生的学习兴趣和提高他们的学习效果。

随着教育技术的发展,个性化教学已经成为可能。教师可以通过数据分析工具来了解每个学生的学习情况和需求,然后为他们提供个性化的学习资源和路径。例如,对于基础较好的学生,教师可以提供更多的挑战性问题和拓展内容;对于基础较弱的学生,教师可以提供更多的基础练习和辅导。调整教学方法并不是一次性的任务,而是需要持续进行的过程。教师需要不断检查学生的学习进展和反馈情况,然后根据实际情况调整教学策略。这包括调整教学进度、增减教学内容、改变教学方式等。例如,如果发现学生在某一阶段的学习进展缓慢,教师可以考虑放慢教学进度或者增加一些辅助性的教学内容来帮助学生更好地理解和掌握数学知识。

(七)反思与总结

在进行上述的教学观察和反馈之后,教师还需要对自己的教学过程进行反思和总结,以便不断完善自己的教学方法,提高教学质量。

教师需要回顾整个观察和反馈的过程,思考哪些环节做得好,哪些环节还有待改进。例如,教师可以反思自己在观察过程中是否足够细致,是否捕捉到了学生的所有重要表现;在提供反馈时,是否做到了即时、具体和有针对性。

通过对比学生在不同时间段的表现,教师可以分析出学生在哪些方面有所进步,哪些方面还存在不足。这种分析可以帮助教师更准确地了解学生的学习状况,为后续的教学提供指导。

基于上述的回顾和分析,教师需要总结自己的教学经验和教训。例如,教师可以总结出哪些教学方法对学生更有效，哪些反馈方式更能激发学生的学习动力。教师也需要反思自己在教学过程中可能出现的错误或不足，以便及时纠正。

根据反思和总结的结果，教师需要制订具体的改进计划。这包括改进教学方法、优化课堂管理、加强与学生的互动等方面。通过制订并执行这些改进计划，教师可以不断提升自己的教学质量，更好地促进学生的学习和发展。

教师作为专业人士，需要持续学习和提升自己的专业素养。这包括学习新的教学理念、掌握新的教学技能、了解新的教育政策等方面。通过持续学习和提升，教师可以更好地适应教育领域的变革和发展，为学生提供更优质的教育服务。

由上可知，教师完成了从明确评价目标到反思总结的整个基于课堂观察的实时反馈评价流程，可更好地引领小学数学教学评价活动的开展。

第二节 学生自评与互评

在小学数学教学评价中，学生自评与互评是两种相辅相成的评价方式。自评让学生客观地审视自己的学习态度、方法和效果，及时发现并改进不足；互评则让学生从同伴的视角获得反馈，发现自身未察觉的问题并汲取他人优点。这两种评价方式共同提升学生学习的全面性和深度，不仅有助于提升个人的学习能力和效果，还增强了学生间的交流与合作，培养了团队协作精神和相互尊重、相互学习的氛围。通过自评与互评，小学数学教学能够更全面地评估学生的学习状况，引导他们走向更高效、更自主的学习路径。

一、学生自评

学生自评，宛如一把犀利的内省之剑，剖析学习道路上的态度、方法与成效。在客观、全面、具体的自我审视下，学生通过日记倾诉、清单对照、自我评分，探寻学习之不足，进而如凤凰涅槃，焕发新的光彩，在自我砥砺中破茧成蝶。

（一）自评要求

学生自评是指学生在学习过程中对自己的学习态度、学习方法、学习效果等方面进行自我反思和评价的过程。通过自评，学生可以更加清晰地认识到自己的学习状况，找出存在的问题和不足，以便及时调整学习策略，提高学习效率。

1. 客观性

学生在审视自己的学习过程和成果时，必须秉持公正无私、不偏不倚的态度。这意味着，学生需要摒弃个人的主观情感和偏见，像一面镜子那样真实地映照自己的学习状况。自评不是为了自我吹嘘或自我贬低，而是要实事求是地挖掘出学习中的优点与不足。唯有这样，自评才能发挥其应有的作用，帮助学生认清现实，找到提升的空间和方向。因此，保持客观性是自评的基石，是确保自评结果真实有效的关键。

2. 全面性

学习是一个涉及多方面的复杂过程，包括学习态度、学习方法、学习效果等。因此，学生在自评时不能只关注某一方面，而应该全方位、多角度地审视自己的学习。学习态度反映了学生对待学习的认真程度和投入度；学习方法体现了学生学习的效率和策略；学习效果则是对学生学习成果的直接反馈。这三者相辅相成，共同构成了学生学习的全貌。只有全面考虑这些方面，学生才能得出准确而全面的自评结果，为后续学习提供有力的指导。

3. 具体性

自评不是泛泛而谈，而是需要具体、明确地指出学习中的优点和不足。学生在自评时应该避免使用笼统模糊的语言，要尽量用具体的事例和数据来说明自己的学习状况。例如，对于学习效果，学生可以通过列举自己在某次考试中的得分情况，或者描述自己在某个知识点上的掌握程度来具体说明。这样的自评不仅有说服力，也更能帮助学生明确自己的薄弱环节，从而制订更具有针对性的学习计划。因此，具体性是确保自评结果具有实用性和指导性的重要保障。

（二）小学数学教学中，学生自评方法

1. 日记法

日记法是学生自评的一种温馨而富有个人色彩的方式。通过写学习日记，学生不仅能够记录自己的学习过程和心得体会，还能在字里行间进行自我反思和评价。这种方法特别适合小学生，因为它既简单又有趣，能够激发学生的自我观察与表达欲望。

例如，小明在学习了"分数的基本性质"这一数学知识点后，写下了这样的自评日记：

"今天，我学习了分数的基本性质。老师讲解得很清楚。我通过画图和举例子的方式，慢慢理解了分数为什么可以在分子和分母同时乘或除以同一个数时，分数的大小还是不变的。在课堂上，我积极回答问题，还帮助同桌理解这个概念。但是，在做练习题时，我发现自己对于较复杂的分数变换还是有些糊涂。例如，将一个分数化为最简分数时，我有时会找不到最大公约数。明天我要多做一些这方面的练习，争取完全掌握它。今天的数学课真的很有趣，我对数学越来越感兴趣了！"

通过这篇日记，我们可以看出小明对自己的学习过程进行了深入的反思，找出了自己的不足，并提出了改进措施。这样的自评方式，不仅有助于学生的学习进步，还能培养学生的自我认知和自我管理能力。

2. 清单法

清单法是一种结构化的自评方式。学生可以列出学习目标和要求，然后对照清单逐项进行自我检查。这种方法能够帮助学生明确自己的学习任务和目标，及时发现未达到的目标和存在的问题。

以下是一份关于"四则运算"知识点的自评清单设计（见表7）。

表7 "四则运算"知识点的自评清单

序号	学习目标	自评结果	存在问题及改进措施
1	掌握加减乘除的基本运算法则	√	无
2	能够独立完成四则运算的练习题	√	部分复杂题目需要思考更长时间，计划通过多做练习题来提升解题速度
3	理解并会运用运算优先级规则	×	对先乘除后加减理解不够深刻，需加强练习，计划通过做更多相关练习题来加深理解
4	能够运用四则运算解决实际问题	√	有时解题思路不够清晰，需多训练，计划通过多做实际应用题来提升解题思路和清晰度

通过这份自评清单，学生可以清晰地看到自己在哪些方面已经达到了学习目标，哪些方面还需要加强。针对存在的问题，学生也提出了相应的改进措施，为后续学习指明了方向。

3. 评分法

评分法是一种量化的自评方式。学生可以根据自己的学习表现，按照一定的评分标准进行自我打分，这种方法能够直观地反映学生的学习成果，帮助学生更好地了解自己的学习情况。

以"认识图形"这一知识点为例，我们可以设计如下的评分标准（见表8）。

表8 "认识图形"评分标准（示范）

评分项目	评分标准	自评得分
知识点掌握情况	完全掌握各种图形的名称、性质和特点	85
课堂参与度	积极参与课堂讨论，主动回答问题	90
练习题完成情况	独立完成练习题，正确率高	80
创新思维	能够运用所学知识解决实际问题，提出新颖的观点	75

根据这个评分标准，学生可以对自己的"认识图形"知识点学习进行量化打分评价。通过评分，学生可以清楚地看到自己在各个方面的表现如何，从而找出自己的优势和不足，如此也有助于学生制订更加明确和有针对性的学习计划。

〔案例〕

学生的自我探寻、努力攻克与显著进步之旅

小明是一个活泼好学的小学生，对于数学这门学科，他总是充满了好奇心和探索欲。然而，在学习《分数乘法》这一章时，小明遇到了不小的挑战。尽管他在课堂上认真听讲，但面对分数乘法的复杂计算时，他总觉得自己掌握得不够牢固。

在一次课堂小测验中，小明发现自己在计算分数乘法时出现了错误。他看着试卷上的红叉叉，心中五味杂陈。他知道，这不是因为粗心大意，而是自己对分数乘法的原理理解得还不够深入。这让小明感到非常沮丧，但他也意识

到，这是一个提升自己数学能力的机会。

为了解决这个问题，小明决定采取积极的措施。他首先回顾了课本和课堂笔记，重新梳理了分数乘法的概念和计算方法。他发现，自己在理解分数乘法的意义上还存在一些模糊之处，这导致他在实际应用时无法得心应手。

于是，小明开始加强练习。他从课本和练习册中找出了大量的分数乘法习题，每天坚持练习。在练习的过程中，他遇到了不少困难，但他从未放弃。每当遇到难题时，他都会静下心来仔细思考，或者向老师和同学请教。通过不断练习和反思，小明逐渐掌握了分数乘法的计算技巧，对分数乘法的理解也更加深入。

除了加强练习外，小明还注重总结归纳。他将自己在练习过程中遇到的典型题型和解题思路记录下来，形成了一本独特的"错题集"。每当遇到类似的问题时，他都会翻阅这本错题集，提醒自己避免犯同样的错误。

经过一段时间的努力，小明的分数乘法计算能力得到了明显提高。他不仅能够准确快速地完成分数乘法的计算，还能够运用所学知识解决实际问题。这种进步让小明感到非常自豪和满足，也激发了他对数学学习的更大热情。

在这个过程中，小明的自评起到了关键作用。他通过自我反思和评价，找出了自己学习中的不足和问题，然后有针对性地制订了学习计划和采用了正确方法。他不仅关注自己的学习结果，更注重学习过程中的体验和收获。这种以自评为主导的学习方式，让小明更加了解自己的学习情况，也帮助他更好地规划自己的学习路径。

在一次数学竞赛中，小明遇到了一道复杂的分数乘法问题。他深吸一口气，定了定神，然后开始仔细分析题目。他运用自己掌握的分数乘法知识和计算技巧一步步地解答出了这道题目。当他看到自己的答案与标准答案完全一致时，心中涌起了难以言表的喜悦和成就感。他知道，这是自己通过自评和不断努力取得的成果。

小明的案例告诉我们，自评不仅是一种有效的学习方式，更是一种积极的学习态度。通过自评，我们可以更好地了解自己的学习情况，找出存在的问题和不足，然后有针对性地加以改进。自评也能够帮助我们建立正确的学习观念和价值观，激发我们的学习动力和创造力。因此，我们应该重视自评在学习中的作用，积极运用自评的方法来提高自己的学习效果和能力。

二、学生互评

学生互评，如同明镜相互映照，学生彼此在学习中互评互助，提醒并改进，如同磨刀石般相互砥砺，共同进步，绽放出学习的绚烂火花。

（一）互评要求

学生互评是指在学习过程中，学生之间相互评价对方的学习表现、学习态度、学习方法等。互评可以帮助学生从他人的视角审视自己的学习状况，发现可能存在的问题，并借鉴他人的优点和经验，从而改进自己的学习方法。

1. 公正性

在小学数学互评中，公正性是基石。互评时，学生必须摒弃个人情感和好恶，以一颗公正的心去衡量同伴的学习表现。这意味着，无论与被评价者的关系如何，都应如实反映其学习情况。例如，在评价一个数学解题过程时，不应因为喜欢或不喜欢某个同学而给予过高或过低的评价。公正客观的态度是互评有效性的保障，也是培养学生公正品格的重要途径。通过公正的互评，学生能够学会尊重事实、尊重他人，同时也为自己的学习营造一个公平、和谐的环境。

2. 准确性

准确性是互评的核心要求。在评价同学的数学作业时，学生应仔细观察、认真分析，确保评价内容真实反映被评价者的实际水平。不夸大优点，不隐瞒缺点，是对自己和他人负责的表现。例如，在评价一个同学的数学应用题解答时，应准确指出其解题步骤中的亮点与不足，而不是凭感觉或印象打分。准确的互评能帮助学生认清自己的学习状况，找到提升的方向，从而更有效地提高数学成绩。

3. 建设性

建设性是互评的关键所在。互评的目的不仅仅是找出问题，更重要的是帮助被评价者改进和提高。因此，在评价过程中，学生应针对发现的问题提出切实可行的改进建议。例如，在评价一个同学的数学口算能力时，除了指出其速度或准确率方面的不足，还可以建议他通过坚持练习、掌握口算技巧等方式来提升自己。建设性的互评能够激发学生的学习动力，促使他们在数学学习中不断进步。

（二）互评方法

1. 小组讨论法

小组讨论法是学生互评中常用且有效的一种方法。在小学数学教学中，教师可以根据学生的学习情况将他们分成若干小组，让学生在小组内就某个数学主题或问题进行讨论。在讨论过程中，小组成员可以相互评价对方的学习表现，分享彼此的观点和解题方法。

例如，在学习《图形的面积》这一章时，教师可以组织学生进行小组讨论，让他们探讨不同图形的面积计算方法。在讨论中，小明发现小红对于平行四边形面积的计算方法存在误解，他及时指出了小红的错误，并给出了正确的计算方法。小红也评价了小明的思路清晰、表达准确。通过小组讨论，学生不仅能够加深对数学知识的理解，还能够在互评中提升自己的数学素养和团队协作能力。

2. 问卷调查法

问卷调查法是一种结构化的互评方式，教师可以通过设计问卷调查表，让学生之间互相填写，以收集对方的学习情况和评价意见。在小学数学教学中，教师可以根据教学目标和学生特点，设计包含学习态度、学习方法、解题能力等方面的问卷调查表。

例如，在学习《分数的加减法》后，教师可以设计一份关于分数加减法掌握情况的问卷调查表。学生之间互相填写问卷，对同伴在分数加减法方面的学习情况进行评价。小亮在填写问卷时发现，他的同桌小花在分数加减法的运算顺序上存在问题。于是，小亮在问卷中给出了具体的反馈和建议。小花收到问卷后，认真反思了自己的问题，并在后续的学习中加以改进。通过问卷调查法，学生能够更全面地了解自己的学习状况，发现存在的问题，并及时进行纠正。

3. 观察记录法

观察记录法是一种直观的互评方式。在小学数学教学中，教师可以引导学生之间相互观察对方的学习过程，记录观察到的情况和问题，并进行评价。这种方法能够帮助学生更深入地了解同伴的学习方法和解题思路。

例如，在学习《解决问题的策略》这一章时，教师可以让学生之间相互观察对方解题的过程。小刚在观察小丽解题时发现，小丽在解决问题时总是能够迅速地找到问题的关键信息，并列出有效的解题步骤。于是，小刚在观察记录中给予小丽高度的评价。小丽也在观察小刚的解题过程中发现了他的一些不足之处，如解题思路不够清晰等，并在记录中提出了改进建议。通过观察记录法，学生们能够相互学习、取长补短，共同提高数学解题能力。

【案例】

同学间的互助共进与学习成长

在一个阳光明媚的午后，五年级的教室里，小红和小华正忙碌地埋头于数学课本和练习册中。他们正在学习《面积单位换算》这一章，这是小学数学中的一个重要知识点，也是让很多学生感到头疼的难点。

小红是一个细心且认真的学生，她总是能够准确地掌握每个数学概念，并且善于运用所学知识解决实际问题。而小华则是一个思维活跃、性格开朗的男孩，他对于数学有着浓厚的兴趣，但有时在细节上容易出错。

在学习《面积单位换算》的过程中，小红和小华决定进行互评，以帮助彼此更好地掌握这一知识点。他们先是一起回顾了课本上的相关内容，然后开始了紧张的练习。

在练习过程中，小红很快就发现了小华在换算过程中经常出现混淆和错误。例如，小华在将平方米换算成平方厘米时，总是忘记乘以10000，而是直接乘以100。小红耐心地指出了小华的错误，并给出了具体的改进建议："小华，你要记住，1平方米等于10000平方厘米，不是100平方厘米。下次换算时，你可以先写出换算公式，再进行计算，这样就不容易出错了。"

小华虚心接受了小红的评价和建议。他表示自己之前确实没有注意到这个细节，以后会更加小心。为了巩固这一知识点，小华决定加强练习，他找来了更多的换算题目进行训练。每当遇到困惑时，他都会及时向小红请教，或者去寻求老师的帮助。在小红的鼓励和帮助下，小华逐渐克服了换算上的困难，他的换算速度和准确率都有了明显的提高。

与此同时，小华也发现了小红在计算过程中存在的一个问题：粗心大意。有时小红在书写答案时会漏写单位，或者在计算过程中忽略了一些细节。例如，在一次练习中，小红计算出一个房间的面积为30，但却忘记了加上单位"平方米"。小华及时提醒了她："小红，你忘记加单位了，应该是30平方米才对。"小红听后恍然大悟，她感激地对小华说："谢谢你，小华。我以后会更加注意的。"在小华的帮助下，小红也逐渐改掉了粗心大意的毛病。

通过互评和相互帮助，小红和小华在《面积单位换算》这一章上都取得了显著的进步。他们不仅掌握了正确的换算方法，还学会了如何相互合作、共同进步。这次互评经历让他们更加明白了团队合作的重要性，也让他们更加珍惜彼此之间的友谊。

在接下来的日子里，小红和小华继续在数学学习的道路上相互扶持、共同进步。他们不仅在数学成绩上有了显著的提升，还在相互帮助的过程中培养了团队协作精神和良好的沟通能力，这些宝贵的经历和收获将伴随他们走向更加美好的未来。

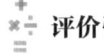

第三节　教师评价与激励

在小学数学教学中，教师的课堂评价与激励是至关重要的教学环节，它通过即时、具体、明确的反馈，客观公正地评估学生的学习情况，并采用多元化的激励方式，如目标激励、情感激励等，以激发学生的学习兴趣和动力，引导他们找到适合自己的学习方法。教师需要掌握有效的评价策略和灵活的激励方法，注意评价的语气方式，避免负面言辞，用温和、鼓励性的语言和体态来增强学生的自信心，创造一个积极和谐的学习氛围，为学生的数学学习奠定坚实基础，培养出对数学充满热情、具备解决问题能力的学生。

一、教师课堂评价特点

在小学数学教学中，教师的课堂评价是指教师在教学过程中对学生的学习行为、学习态度、学习成果等进行的即时性评判与反馈。教师评价不仅是对学生学习情况的一种反映，更是教师调整教学策略、激发学生学习兴趣、引导学生使用正确的学习方法的重要手段。课堂评价通常包括口头反馈、书面评价及体态语言等多种形式，其核心目的在于促进学生的学习成长，提升学习动力与自信心。

（一）即时性

即时性是课堂评价的重要特点之一。在教学过程中，教师需要对学生的表现给予即时的反馈。这种即时反馈有助于学生及时调整学习方法和思路。例如，当学生回答一个问题时，教师能够即时评价其回答的准确性和完整性，这样可以让学生立刻明白自己的学习状况，从而做出相应的调整。即时性评价还能有效地保持课堂节奏的紧凑性，使学生能够持续保持高度的注意力和学习兴趣。

（二）针对性

教师课堂评价的针对性体现在它是对学生具体表现的直接回应。评价不仅仅是笼统的赞扬或批评，而是针对学生的答题正确性、学习态度、课堂参与度等方面进行具体评价。例如，当学生在解题过程中出现错误时，教师会明确指出错误所在，并给出正确的解题方向。针对性评价能够帮助学生清晰地认识到自己的优点和不足，为他们提供明确的改进方向。

（三）互动性

互动性是教师课堂评价不可或缺的特点。在评价过程中，教师需要与学生进行充分的互动，这不仅是了解学生真实想法和学习困难的有效途径，还是提升学生学习效果的重要手段。通过提问、讨论等方式，教师可以引导学生深入思考问题，激发他们的思维活力。互动性评价也有助于建立和谐的师生关系，营造积极向上的课堂氛围。

二、教师课堂评价的作用

教师课堂评价在小学数学教学中扮演着关键角色，它不仅通过即时反馈起到诊断学生学习状况、发现难点和误区的作用，为教学提供指导。它还引导学生明确学习方向，起到目标导向的作用。更重要的是，正面评价激励学生增强学习动力和自信心，激发兴趣。最后，教师还通过评价调控课堂氛围，保持教学活力。这四大作用共同构成了教师课堂评价在小学数学教学中的不可或缺性。

（一）诊断作用

在小学数学教学中，课堂评价的诊断作用至关重要。教师通过对学生课堂表现、作业完成情况和测试成绩的综合评价，能够即时、准确地了解学生的学习状况。例如，在教授分数运算时，教师发现部分学生在计算过程中频繁出现错误。通过即时的课堂评价，教师诊断出这些学生并非在分数概念上存在根本性理解问题，而是在运算步骤的执行上出现了混淆和疏漏。针对这一问题，教师及时调整了教学策略，加强了对运算步骤的详细讲解和示范。实施诊断性评价后，教师发现这部分学生在分数运算中的错误率显著降低，从原来的30%下降到了10%。同时学生对分数概念的理解也更加深入，整体的学习效果得到了明显提升。

（二）导向作用

课堂评价的导向作用在小学数学教学中同样不可忽视。教师通过明确的评价标准能够引导学生明确学习方向，向着教学目标稳步前进。例如，在学习解决应用题时，教师制定了一套详细的解题思路评价标准，包括理解题意、设立方程、求解验证等步骤。通过对学生解题思路的评价，教师引导学生逐步形成了系统的问题解决方法。实施导向性评价后，教师发现学生在解决应用题时的思路更加清晰，解题步骤也更加规范。与之前相比，学生的应用题得分率提高了20%，且解题时间也缩短了15%，整体的学习效率得到了显著提升。

（三）激励作用

正面的课堂评价对学生具有强大的激励作用。在小学数学教学中，教师充分利用评价手段来增强学生的自信心和学习动力。例如，在学习乘法口诀时，教师对学生进行了即时的表扬和鼓励。每当学生快速准确地背诵出乘法口诀时，教师都会给予充分的肯定和赞扬。这种激励性评价让学生感受到自己的努力和进步得到了认可，从而更加积极地投入到数学学习中。实施激励性评价后，教师发现学生的学习积极性明显提高，乘法口诀的掌握率也大幅提升，从原来的60%上升到了90%。同时，学生的学习态度和自信心也得到了显著改善。

（四）调控作用

在小学数学教学中，教师可以通过课堂评价来有效调控课堂氛围，保持课堂活力。教师通过即时的评价和反馈能够调整课堂节奏和氛围，确保教学活动的顺利进行。例如，当发现学生普遍感到困惑或者疲惫时，教师会及时通过一些轻松有趣的数学问题或者小故事来调动学生的积极性，使课堂氛围重新变得活跃起来。实施调控性评价后，教师发现课堂氛围更加活跃，学生的注意力也更加集中。与之前相比，学生的课堂参与度提高了30%，同时整体的教学效果也提升了25%。此外，在课堂小结时引导学生进行自我评价和提出改进建议也进一步促进了学生自主学习能力的提高和良好学习习惯的养成。

三、教师课堂评价要求

在小学数学课堂教学中，教师的课堂评价应语气温和且具有鼓励性，具体明确，客观公正，同时要即时反馈，以确保有效激发学生的学习动力，提升学习效果。

（一）语气要温和且具有鼓励性

在小学数学课堂上，教师对学生的评价语气具有深远的影响。温和的语气如同春风拂面，能够让学生感受到教师的温暖和关怀，进而更加积极地接受和理解评价的内容。这种温和的语气，不是简单的声音大小的问题，而是一种从内心深处流露出的对学生的尊重和关爱。

当教师以温和的语气与学生交流时，学生会感到放松和自在，这有助于他们更好地表达自己，展示自己的想法和思路。在这样的氛围中，学生不再害怕犯错，而是愿意勇敢地尝试和探索，这对于培养他们的创新思维和自主学习能力至关重要。

具有鼓励性的语言也是激发学生学习热情的关键。当学生取得进步或者表现出色时，教师应该及时给予鼓励和肯定，让学生感受到自己的努力和付出得到了认可。这种鼓励性的语言，不仅能够增强学生的自信心，还能够激发他们的学习兴趣，让他们更加热爱学习，享受学习的过程。例如，当学生回答正确时，教师可以微笑着说："很好，你的思路很清晰，继续努力！"这样简单的鼓励，对学生来说却是一种莫大的支持和激励。他们会因此感受到自己的进步和成就，从而更加努力地投入到学习中去。

然而，如果教师的语气过于严厉甚至刻薄，很可能会让学生感到畏惧和不安，甚至产生抵触情绪。在这种情况下，学生可能会变得小心翼翼，害怕犯错，不敢尝试新的事物，这无疑会严重影响他们的学习效果和成长。

因此，作为小学数学教师，我们应该时刻注意自己的评价语气，确保它温和且具有鼓励性。我们要让学生感受到我们的关爱和支持，让他们在轻松愉快的氛围中茁壮成长。

（二）评价要具体、明确

在小学数学教学中，教师的评价对于学生的成长和发展具有至关重要的作用。然而，很多时候，教师在评价学生时容易陷入笼统、模糊的困境，这样的评价方式不仅不能有效地指导学生，还可能让学生感到困惑和迷茫。

为了避免这种情况，教师在评价学生的表现时需要尽可能地具体和明确。具体的评价能够让学生清楚地了解自己的优点和不足，从而更有针对性地进行改进。这种评价方式不仅能够帮助学生准确地找到自己的问题所在，还能够激发他们的学习动力，让他们更加明确自己的学习目标。例如，在评价学生的数学作业时，如果教师只是说"你做得不错，继续努力"，这样的评价虽然听起来很鼓励人，但实际上缺乏具体的指导意义。学生可能并不知道自己在哪里做得好，哪里还有改进的空间。如果教师能够明确指出："你的计算步骤很准确，这是你的优点。但在解答应用题时，你需要注意理解题意，避免偏离题目要求。这样你就能更好地掌握数学知识了。"这样的具体评价就能够帮助学生准确地找到自己的问题所在，进而进行有针对性的改进。

除了作业评价外，教师在课堂上的即时评价也需要做到具体和明确。当学生在课堂上回答问题或者展示解题思路时，教师应该即时给予具体的反馈，让学生明白自己的回答是否正确，思路是否清晰。这样，学生就能够在课堂上即时调整自己的学习状态，更好地理解和掌握数学知识。

（三）评价要客观、公正

在小学数学教学中，客观、公正的评价不仅是衡量学生学习成果的重要标准，更是建立良好的师生关系、激发学生学习动力的关键环节。作为教师，我们必须秉持公正无私的态度，根据学生的实际表现给予恰如其分的评价，绝不能让个人喜好或情绪波动影响评价的公正性。

要做到客观评价，教师需要全面了解学生的学习状况，包括课堂表现、作业完成情况、测验和考试成绩等多个方面。只有这样，教师才能对学生的数学学习情况做出全面而准确的评估。例如，在进行课堂测试时，教师应该严格按照评分标准来评判学生的答卷，不因个人对学生印象的好坏而影响评分。

公正的评价还意味着教师在指出学生的错误或不足时要就事论事，避免对学生的人格或能力进行贬低或夸大。当学生在课堂上犯错时，教师应该以平和的心态指出错误，并耐心帮助学生纠正，而不是借此机会对学生进行无端的批评或指责。这种公正、无私的评价方式能够让学生感受到教师的公正，从而更加信任教师，愿意接受教师的指导和帮助。

公正评价的重要性不仅在于维护教育的公平性，更在于激发学生的学习动力。当学生意识到自己的努力会得到公正的评价时，他们会更加积极地投入到学习中去，争取更好的表现。因此，作为小学数学教师，我们必须时刻保持清醒的头脑，坚守评价的客观性和公正性，为每一个学生提供公平的学习机会和准确的评价反馈。

教师还应该鼓励学生进行自我评价和同学之间的互评，让他们从不同的角度了解自己的学习情况，进而更好地调整学习策略和方法。

（四）评价要即时

在小学数学教学中，即时的评价对于提高学生的学习效果和学习动力至关重要。即时的评价能够让学生及时了解自己的学习状态和问题所在，从而调整学习策略和方法，更好地掌握数学知识。

教师在课堂上应该密切关注学生的学习情况，对学生的回答或作业进行即时的评价。例如，当学生回答问题时，教师应该立即给予反馈，指出学生的回答是否正确、思路是否清晰，以便学生即时了解自己的错误或不足之处。教师还可以通过肯定和鼓励的方式激发学生的学习热情和自信心。

在作业批改方面，教师也应该尽可能做到即时评价。当学生提交作业后，教师应该尽快批改并予以反馈，让学生及时了解自己的错误并进行纠正。这种即时的评价方式不仅能够帮助学生及时发现问题、解决问题，还能避免学生因为长时间的等待而产生焦虑和不安的情绪。

除了课堂上的即时评价和作业批改的即时反馈外，教师还可以利用课后的时间与学生进行面对面的交流，针对学生的学习情况进行个性化的指导和评价。这种面对面的评价方式能够让学生更加深入地了解自己的学习情况，得到更有针对性的指导和帮助。

即时的评价不仅能够帮助学生及时发现问题、调整学习策略，还能激发他们的学习动力。当学生意识到自己的学习成果能够得到及时的反馈和评价时，他们会更加积极地投入到学习中去，努力提高自己的学习效果。

因此，作为小学数学教师，我们应该充分认识到即时评价的重要性，并尽可能做到在课堂上、作业批改中及课后交流中及时给予学生反馈和评价。

四、教师课堂评价的激励导向

在小学数学教学中，教师可以通过设定明确目标、给予情感支持、及时肯定学生的成功和树立优秀榜样等多种激励方式来激发学生的学习潜能和兴趣，培养他们的自主学习能力，从而全面提升学生的学习积极性和自信心。

（一）目标激励

为学生设定明确、可实现的学习目标是激发学生学习动力的有效手段。教师应该根据学生的个体差异和学习水平为他们量身定制合适的学习目标。这些目标既要有挑战性，又要确保学生通过努力能够达到。例如，对于数学基础较薄弱的学生，教师可以设定一个短期目标，如掌握某一章节的基本概念和方法。当学生达到这个目标时，教师应及时给予正面反馈和奖励，如颁发进步奖状或者在课堂上公开表扬。这种目标激励的方式可以让学生明确自己的学习方向，并在实现目标的过程中不断积累成功的经验，从而增强自信心和学习动力。

（二）情感激励

在小学数学教学中，情感激励是一种非常重要的评价方式。教师可以通过关心、理解和支持学生来增强他们的学习动力。一个温暖的微笑、一句鼓励的话语，都能让学生感受到教师的关怀和支持，从而更加努力地学习。例如，当学生在课堂上回答问题出现错误时，教师可以用鼓励的语气说："没关系，再想一想，我相信你一定能回答出来。"这样的鼓励可以让学生感受到教师的信任和支持，从而激发他们继续努力的勇气。教师还可以利用课余时间与学生进行情感交流，了解他们的学习和生活情况，给予他们必要的帮助和支持。

（三）成功激励

每当学生取得进步或成功解决一个难题时，教师都应及时给予肯定和表扬，这是对学生努力成果的认可，也是对他们继续努力的鼓励。成功激励能够让学生体验到成功的喜悦，从而激发他们的学习热情和自信心。例如，当学生在数学竞赛中取得好成绩时，教师可以在课堂上为他们颁发奖状或奖品，并邀请他们分享解题经验和心得。这样的成功激励不仅可以让学生感受到自己的价值和成就感，还可以激发其他同学的学习热情和竞争意识。

（四）榜样激励

将优秀学生作为榜样，鼓励其他学生向他们学习，是激发学生竞争意识和学习热情的有效方法。教师可以通过展示优秀学生的作业、试卷或解题思路等方式来树立榜样，让其他同学明确自己的努力方向和目标。例如，教师可以在课堂上展示某位优秀学生的数学作业，并邀请他分享学习方法和经验。这样的榜样激励可以让学生看到身边的成功案例，激发他们的学习动力和自信心。教师还可以定期组织学生进行学习交流和讨论活动，让他们在互相学习和分享中不断进步和成长。

第五章 小学数学作业与测试评价策略

在小学数学的教学长河中，作业与测试不仅是检验学生学习成果的试金石，更是教师掌握学生动态、调整教学策略的风向标。第五章将深入探讨小学数学作业与测试评价的策略，以期在教育的海洋中为学生点亮一盏指引前行的明灯。

当然，无论是作业还是测试，最终的目的都是更好地促进学生的发展。因此，成绩的分析与反馈机制的构建就显得尤为重要。我们要通过精准的数据分析找出学生的薄弱环节，为他们提供有针对性的指导与帮助。我们也要建立起有效的反馈机制，让学生及时了解自己的学习状况，调整学习策略，从而在学习的道路上更加坚定与自信。

在这一章中，我们将一同探讨如何设计科学合理的作业，如何创新测试的内容与形式及如何构建有效的成绩分析与反馈机制。愿每一位教育者都能在这一章中找到启迪与灵感，愿每一位学生都能在数学的学习中找到乐趣与成就。让我们一起携手，共同探索小学数学教育的美好未来！

第一节　作业设计原则与评价方法

小学数学作业设计应遵循目的性、层次性、趣味性、实践性和创新性五大原则，旨在巩固学生知识、培养其自主学习与解决问题的能力。教师应采用等级评价、评语评价、面批面改、互评互改及成长记录袋评价五种方法，多角度、全面地评估学生的作业完成质量与学习成效。通过科学的作业布局和多元化的评价方式激发学生的学习热情，精准指导他们的学习进程，以促进学生在数学学科上的进步成长，实现教育教学的最终目标。

一、作业设计原则

小学数学作业设计应遵循明确的目的性、考虑学生差异的层次性、激发学生兴趣的趣味性、与生活实际相结合的实践性及培养学生创新思维的创新性五大原则，以全面提升学生的学习效果，激发他们的学习兴趣，并培养他们的实践能力和创新思维。

（一）目的性原则

小学数学作业设计的首要原则就是明确的目的性。这意味着教师在为学生布置作业时，必须对每一项作业的目的有清晰的认识。作业不仅仅是为了让学生有事可做，更重要的是要通过作业达到某种教学目的。这一原则的重要性在于，它确保了教学的针对性和有效性。

目的性原则体现在作业设计的每一个环节。例如，当教师想要巩固学生刚学的加减法时，就会设计一系列相关的练习题。这些练习题不仅要涵盖基本的加减法运算，还包括一些实际应用题，让学生在解题过程中加深对加减法概念的理解。教师还可以根据学生的学习情况适时调整作业的难度和内容，以确保作业的目的能够得到有效实现。

目的性原则还体现在作业的反馈上。教师通过分析学生的作业完成情况可以了解学生对知识点的掌握情况，从而及时调整教学策略，更好地帮助学生提高学习效率。

【案例】

培养小学生量感的数学作业设计

一、作业目标

通过一系列实践活动，让学生感受和理解各种量，如长度、面积、体积、重量等，从而培养他们的量感，提高他们对数学中量的敏感性和应用能力。

二、作业内容

1. 长度与距离的量感培养

（1）步行测距。

让学生在操场上走10步，然后用尺子测量这10步的距离，记录下来。

接着让学生估算走20步、30步、50步的距离，并与实际测量结果进行对比。

（2）日常生活中的长度测量。

让学生在家中找出5件不同长度的物品（如铅笔、书本、桌子等），用尺子测量它们的长度并记录下来。

2. 面积的量感培养

（1）手掌面积估算。

让学生用自己的手掌去估算课桌的面积，先估算需要多少个手掌才能覆盖整个桌面，然后实际测量验证。

（2）拼图游戏。

提供多种形状的小纸片（正方形、长方形、三角形等），让学生尝试用不同的纸片拼出一个指定的面积，如10平方厘米。

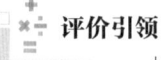

3. 体积的量感培养

（1）水杯测量。

使用不同大小的水杯，让学生估算并实际测量每个水杯的容量（可以用量杯辅助）。

让学生尝试用不同数量的水杯装满同样的水量，感受体积的守恒。

（2）堆积木游戏。

提供一系列相同大小的立方体积木，让学生尝试堆出不同的形状，同时估算和计算总体积。

4. 重量的量感培养

（1）掂重量。

准备不同重量的日常物品（如苹果、土豆、书本等），让学生通过掂重来估算它们的重量，并使用秤进行验证。

（2）购物清单。

假设学生去超市购物，列出几种商品及其重量（如苹果1千克，香蕉0.5千克等），让学生估算购物篮的总重量，并讨论如何更准确地估算。

三、作业反馈与总结

（1）学生在完成每项任务后，应记录他们的估算和实际测量结果及两者之间的差异。

（2）鼓励学生反思他们的估算方法，并讨论如何提高估算的准确性。

（3）教师可以根据学生的记录和反馈对学生在量感方面的进步给予评价和指导。

四、家长参与

鼓励家长与孩子一起完成这些作业，为孩子提供必要的支持和指导。家长可以帮助孩子理解量的概念，并在日常生活中寻找机会进一步巩固和拓展孩子的量感。

（二）层次性原则

层次性原则是小学数学作业设计中的又一个重要原则。由于每个学生的数学基础和能力不同，因此作业设计必须考虑到这种差异性，以满足不同层次学生的需求。

在实践中，教师可以通过设计不同难度的作业来体现层次性原则。例如，对于基础较薄弱的学生，教师可以设计一些基础性的作业，帮助他们巩固基本概念和运算方法；对于基础较好的学生，教师可以设计一些更具挑战性的作业，如应用题、拓展题等，以激发他们的求知欲和探索精神。

层次性原则不仅有助于提高学生的学习效果，还能让每个学生都感受到自己的进步和成就。通过设计具有层次性的作业，教师可以更好地关注学生的个体发展，促进他们的全面成长。

案例

10以内加减法层次性作业设计

一、基础层作业

目标：巩固10以内的基本加减法运算。

题目：

3 + 2 = ＿＿＿＿

7 - 4 = ＿＿＿＿

5 + 4 = ＿＿＿＿

9 - 3 = ＿＿＿＿

2 + 6 = ＿＿＿＿

二、提高层作业

目标：在基础层之上，增加一些稍微复杂的计算。

题目：

6 + 3 - 2 = ＿＿＿＿

9 - 5 + 1 = ＿＿＿＿

4 + 4 - 3 = ＿＿＿＿

8 - 2 + 1 = ＿＿＿＿

5 + 2 - 4 = ＿＿＿＿

三、应用层作业

目标：结合生活实际，运用10以内的加减法解决问题。

题目：

（1）小明有5个苹果，吃了2个，妈妈又给了他3个，现在小明有多少个苹果？

（2）一个盒子里原来有6支铅笔，用掉了3支，又放进了4支，现在盒子里有多少支铅笔？

四、拓展层作业

目标：通过更复杂的加减混合运算，锻炼学生的思维能力。

题目：

（1）请你用1、2、3、4四个数字，通过加减运算，使其结果等于5。（注：每个数字只能用一次）

（2）小华和小丽一起玩游戏，小华开始时得了7分，后来因为犯规扣了3分，最后又得了2分，小华最终得了多少分？小丽开始时得了4分，后来得了两次3分，她最终得了多少分？谁得分高？

注意：

（1）学生在完成作业时，可以根据自己的能力和自信度选择合适的层次开始挑战。

（2）鼓励学生尝试更高层次的题目，以挑战自己的数学能力。

（3）教师在评价时，应注重学生完成作业的层次性和进步情况，给予积极的反馈和指导。

（三）趣味性原则

在小学数学作业设计中，趣味性原则是不可忽视的一点。对于小学生来说，他们的学习动力很大程度上来源于对学习的兴趣和热情。因此，教师在设计作业时应注重作业的趣味性和吸引力。

趣味性原则可以通过多种方式体现。例如，教师可以结合学生熟悉的生活场景或他们感兴趣的话题来设计作业，让学生在解决问题的过程中感受到数学的乐趣和实用性。教师还可以通过引入游戏元素、设置奖励机制等方式增加作业的趣味性和互动性，从而激发学生的学习兴趣和积极性。

实践证明，趣味性原则在小学数学作业设计中具有重要的作用。有趣的作业不仅能够让学生更加主动地完成作业，还能让他们在完成作业的过程中体验到数学的魅力和乐趣，从而培养他们的数学学习兴趣和习惯。

【案例】

认识人民币趣味性作业设计

一、作业目标

通过富有趣味性的活动，加深学生对人民币的面值、换算和使用的理解，同时培养他们的实际购物能力和数学应用能力。

二、作业内容

1. 人民币面值大挑战

（1）面值配对游戏。

准备各种面值的人民币图片（1角、5角、1元、5元、10元、20元、50元、100元），并准备相应的标签。

学生需要将标签与正确的人民币面值进行配对。

每位学生都有机会挑战，看谁配对得又快又准。

（2）面值换算接龙。

学生围成一个圈，从第一个学生开始，说出一个人民币的面值（如1元），下一个学生需要说出与上一个面值有换算关系的另一个面值（如10角），以此类推。

接龙过程中，如果有学生出错或停顿时间过长，接龙就结束。看哪个小组能持续的时间最长。

2. 模拟购物体验

（1）创建小店铺。

学生分组，每组开设一个小店铺，店铺里可以出售文具、玩具、书籍等虚拟商品，并为每个商品标价。

其他组的学生可以拿着模拟的人民币来购物，体验真实的购物过程。

（2）找零小能手。

准备一个收银台和找零钱的盒子，里面放有各种面值的人民币。

学生扮演收银员和顾客，顾客购买商品后，收银员需要快速准确地找零。

通过这个活动，学生可以练习找零的技巧，加深对人民币换算的理解。

3. 数学小侦探

（1）钱包里的秘密。

教师准备一个神秘的钱包，里面放有各种面值的人民币。

学生需要猜测钱包里有哪些面值的人民币及它们的数量。

通过观察和推理，学生可以锻炼自己的逻辑思维能力和数学分析能力。

（2）谁是"大富翁"。

学生分组进行"大富翁"游戏，每组代表一个玩家，通过投掷骰子前进，遇到不同的格子会有不同的"命运"（如获得奖金、支付罚款等）。

游戏中涉及人民币的支付和收取，让学生在游戏中加深对人民币的认识和使用方法。

三、作业反馈与总结

在完成一项任务后，学生可以互相交流自己的经验和感受，分享在活动中的发现和收获。

教师可以根据学生的表现和反馈，对学生在认识人民币方面的进步给予评价和指导。

这份趣味性的小学数学作业旨在让学生通过参与各种有趣的活动，更直观地了解人民币的面值、换算和使用方法。通过模拟购物和数学游戏等环节，培养学生的实际应用能力和团队协作精神。

（四）实践性原则

实践性原则是小学数学作业设计中非常关键的一环。数学是一门需要不断实践和应用的学科，只有通过实际应用，学生才能真正理解和掌握数学知识。

在设计作业时，教师应注重题目的实践性和应用性。例如，可以设计一些与生活实际相结合的作业，让学生在解决问题的过程中运用所学的数学知识。这样不仅可以帮助学生巩固知识，还能培养他们的实践能力和解决问题的能力。

实践性原则还鼓励学生通过动手实践来探索和发现数学规律。教师可以设计一些实验性、探究性的作业,让学生在实践中发现问题、提出问题并尝试解决问题。这种实践性的学习方式不仅能够增强学生的数学应用意识,还能培养他们的创新思维和实践能力。

案例

认识钟表实践性作业设计

一、作业目标

通过实践操作,让学生直观地认识钟表的结构,理解时间的概念,并学会读取和记录时间,从而培养他们的时间观念和实际应用能力。

二、作业准备

准备一个可调整的钟表模型或实物钟表。

准备一张时间记录表。

三、作业内容

1. 观察与记录

让学生观察钟表模型或实物钟表,了解钟表的基本结构,包括时针、分针、秒针及钟面上的12个小时标记。

引导学生观察时针、分针和秒针的运动规律及它们之间的关系。例如,秒针转一圈是60秒,分针转一圈是60分钟,时针转一圈是12小时等。

让学生将钟表调整到不同的时间,然后在时间记录表上记录下对应的时间点,包括小时、分钟和秒。重复此步骤多次,以便学生熟悉不同时间点的表示方法。

2. 实践操作

设置一系列时间点,让学生尝试将钟表调整到指定的时间。例如,设置为早晨7点30分、下午3点45分等。学生在调整后,需要在时间记录表上确认并记录时间。

让学生进行一个小游戏:互相设置时间点,然后让对方尝试调整到正确的时间。这个游戏可以帮助学生更好地掌握钟表的调整方法和时间的读取技巧。

3. 应用实践

让学生在日常生活中观察和记录时间。例如，记录自己每天起床、吃饭、上学、放学等重要时刻的时间点。这有助于学生形成时间观念，理解时间在日常生活中的重要性。

鼓励学生与家长一起制定一个日程表，安排每天的学习和娱乐时间。学生可以根据日程表来规划自己的时间，培养良好的时间管理习惯。

四、作业反馈与总结

学生可以提交自己的时间记录表和日程表作为作业成果。教师根据学生的记录情况和日程安排的合理性给予评价和指导。

通过这份实践性作业，学生不仅能够直观地认识钟表和时间，还能够在日常生活中应用所学知识，提高他们的时间观念和自我管理能力。

（五）创新性原则

随着新课程改革的深入推进，培养学生的创新意识和创新能力已成为数学教育的重要目标。在小学数学作业设计中，创新性原则也显得尤为重要。

创新性原则要求教师在设计作业时要注重培养学生的创新思维和创造能力。教师可以通过设计开放性问题、一题多解等题目类型，激发学生的创新思维和探索欲望。教师还可以鼓励学生尝试不同的解题方法，探索数学问题的多种可能性，培养他们的发散性思维和创新能力。

创新性原则还体现在作业的评价上。教师在评价学生的作业时，应注重学生的解题思路和方法的创新性，而不仅仅是答案的正确性，应激发学生的创新思维和探索精神。

案例

图形的运动创新性作业设计

一、作业目标

通过实践操作和创造性思考，加深学生对图形运动（平移、旋转等）的理解，培养他们的空间想象力和创造力。

二、作业内容

1. 基础探索

（1）平移乐园。

请学生在纸上画出一个简单的几何图形（如正方形、三角形等）。

指导学生将这个图形向右平移5厘米，再向下平移3厘米，画出平移后的新图形。

让学生描述图形平移的过程和方向。

（2）旋转世界。

请学生选择一个他们喜欢的图形（如蝴蝶、花朵等）。

让学生将这个图形以某一点为中心，顺时针旋转90度，画出旋转后的图形。

提问：图形旋转后，哪些部分发生了变化？哪些部分保持不变？

2. 创意挑战

（1）设计对称图案。

让学生了解对称的概念，并尝试设计一个轴对称的图案。

学生可以使用彩色笔或颜料来增加图案的视觉效果。

完成后，让学生解释他们的设计思路和对称轴的位置。

（2）动画故事创作。

鼓励学生创作一个简单的动画故事，故事中的角色或物体需要通过图形的平移、旋转等运动来推动情节发展。

学生可以手绘或使用简单的动画制作软件（如Scratch）来完成这项任务。

故事完成后，让学生分享他们的作品，并解释其中涉及的图形运动。

3. 实践应用

（1）寻找生活中的图形运动。

让学生在日常生活中寻找和记录图形运动的例子（如电梯的上下移动、旋转门旋转运动、钟表的指针运动等）。

学生可以拍照或录像来记录这些现象，并在课堂上展示和讨论。

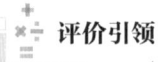

（2）制作简单的机械模型。

提供材料（如纸板、木棍、橡皮筋等），指导学生制作一个简单的机械模型，如一个能够旋转的风车或一个可以平移的小车。

让学生在制作过程中思考和理解图形运动的原理。

完成后，让学生展示他们的模型，并解释其中涉及的图形运动方式。

三、作业反馈与总结

教师根据学生的作业完成情况、创意和挑战的完成度给予评价。

通过这份创新作业，学生不仅能够加深对图形运动的理解，还能在实践中培养创造力、空间想象力和解决问题的能力。通过分享和讨论，学生也能学会相互学习和合作。

二、作业评价方式

等级评价法直观反映学生的作业水平，评语评价法提供具体指导，面批面改法及时纠正错误，互评互改法培养反思能力，成长记录袋评价法全面记录学习过程，这五种小学数学作业评价方法各具特色，共同为学生成长创造机会。

（一）等级评价法

等级评价法在小学数学作业评价中是一种非常直观且实用的方法。其核心理念是根据学生的作业完成情况，教师会给予相应的等级评定，如优秀、良好、中等、及格等。等级评价方法简单明了，能迅速反映学生的作业水平，不仅教师易于操作，学生也能直观地了解自己的表现。

在实施等级评价法时，教师需要制定明确的评价标准。例如，"优秀"代表作业完成度高，准确无误，且有创新性思考；"良好"表示作业基本完成，有少量错误，但整体表现不错；"中等"反映作业完成度一般，有一些错误，但核心知识点已掌握；"及格"则意味着作业基本符合要求，但有明显错误或遗漏。这样的等级不仅给了学生一个清晰的反馈，也帮助教师更好地掌握学生的学习情况。

等级评价法还可以结合其他评价方法使用。例如，教师可以在给出等级的同时附上简短的评语，指出学生的具体优点和不足，这样既能保持评价的直观性，又能提供更具有针对性的指导。

（二）评语评价法

评语评价法在小学数学作业评价中扮演着重要的角色。与简单的等级或分数相比，评语能够更深入地反映学生在作业中表现出的优点、问题和潜力。

在使用评语评价法时，教师需要细心观察学生的作业，然后根据实际情况给出具体、有针对性的评价。例如，对于表现出色的学生，教师可以写下如"你的解题思路非常清晰，继续保持！"之类的鼓励性评语；对于存在问题的学生，教师可以指出具体问题并给出改进建议，如"在计算过程中出现了小错误，下次要注意检查哦"。

评语评价法的优势在于其个性化的特点和具有针对性。每位学生都能从评语中获得对自己学习的具体反馈，从而更好地调整学习策略。评语还能增强学生的自信心和学习动力，因为学生能感受到教师对自己学习的关注和认可。

（三）面批面改法

面批面改法是小学数学作业评价中一种非常有效的方法。其核心在于教师和学生面对面的交流和指导，以及时发现和纠正学生在作业中的错误。

在面批面改的过程中，教师可以针对学生的具体错误进行深入浅出的解释，帮助学生从根本上了解问题所在，并给出具体的改进建议。这种方法不仅能及时解决学生的学习困惑，还能加强教师与学生之间的互动和沟通。

虽然面批面改法需要教师投入更多的时间和精力，但其效果也是非常显著的。通过这种方式，学生能够更深入地理解数学知识，提高学习效率。面对面的指导也能让学生感受到教师的关心和负责，从而增强学习动力。

（四）互评互改法

互评互改法在小学数学作业评价中是一种创新且富有成效的方法，在实施互评互改法时，教师可以组织学生进行小组讨论，让他们互相批改作业并给出评价意见。在这一过程中，学生需要从不同的角度去审视和评价他人的作业，这不仅能提升他们的评价能力，还能促进他们对数学知识的深入理解。

互评互改法的优势在于其互动性和参与性。学生在评价他人的同时也能从中学到新的知识和方法，帮助学生树立正确的评价观念，提高他们的自主学习意识。

(五) 成长记录袋评价法

成长记录袋评价法在小学数学作业评价中具有独特的意义。通过为学生建立成长记录袋，教师可以系统地收集和整理学生的学习成果，从而更全面地了解学生的学习情况。

成长记录袋中不仅包含学生的作业，还可以包括测试卷、学习反思、教师评语等各种资料。这些资料共同构成了学生的学习档案，反映了他们在数学学习过程中的进步和成长。

定期评价和反馈是成长记录袋评价法的关键环节。教师可以通过对比学生不同时期的作业和表现给出具体的评价和建议。这样不仅能帮助学生清晰地看到自己的进步和不足，还能为他们未来的学习提供明确的指导方向。成长记录袋也能作为教师与学生、家长之间沟通的桥梁，促进家校合作，共同为学生的成长构建一个良好的环境。

第二节　测试内容与形式创新策略

小学数学测试内容与形式的创新策略，旨在全面评估学生的数学素养。内容上，我们强调基础知识与思维能力的双重考查，通过探究性和实际应用问题的引入，提升学生的数学建模能力和解决实际问题的能力，同时关注学生的情感态度和价值观的培养。形式上，我们结合口头与书面测试，运用计算机辅助手段，尝试小组合作和开卷考试，创设情境化测试环境，并采用多元化评价方式，以更全面地反映学生的数学能力和素养，激发他们的学习兴趣和积极性，培养他们的团队合作精神和自主学习能力，最终实现学生数学学习的进步。

一、小学数学测试内容

数学测试应注重考查学生对基础知识的掌握、加强对思维能力的检验、重视对实际应用问题的解决能力、提升数学建模技巧，并关注学生的情感态度和价值观培养，通过创新的测试内容和形式全面评估并促进学生的综合能力发展。

（一）注重基础知识的测试

在小学数学教育中，基础知识的重要性不言而喻。它们是构建学生数学思维能力的基石，是学习后续复杂数学概念和解题技巧的前提。然而，我们如何有效地测试学生对这些基础知识的掌握情况呢？

传统的测试方式，如填空、选择题等，虽然能够快速地检测出学生的记忆情况，但却很难反映出学生对这些基础知识的深层次理解和应用。因此，我们需要创新测试方式，设计更具实际意义的测试内容。

我们可以将基础知识融入生活场景中，设计出与生活实际相关的问题。例如，通过购物场景来考查学生的加减运算能力，让他们计算购买不同商品所需的总金额。这样，学生不仅需要准确地记住加减法的规则，还需要理解这些规则如何在现实生活中应用。

我们还可以通过图形、图表等方式来呈现问题，帮助学生更直观地理解数学知识。例如，在考查分数的概念时，我们可以使用图形来表示不同的分数，让学生通过观察和比较来回答问题。这种方式不仅能够检验学生对分数概念的理解，还能够培养他们的空间想象力和逻辑思维能力。

通过这些创新的测试方式，我们可以更全面地了解学生对基础知识的掌握情况，同时也能够激发他们的学习兴趣和积极性。

【案例】

四则混合运算基础知识测试题

一、填空题（每题2分，共10分）

在没有括号的算式里，如果只有加减法，我们应该从_____到_____按顺序计算。

在四则运算中，乘法和除法的优先级_____加法和减法。

一个算式里既有括号又有四则运算，我们应该先算_____，再算_____。

0不能做除数，是因为_____。

任何数与0相乘，结果都是_____。

二、选择题（每题4分，共20分）

下列算式的计算顺序正确的是：

A. $5 + 3 \times 2 = 16$

B. $(5 + 3) \times 2 = 16$

C. $5 + (3 \times 2) = 11$

下列哪个算式的结果与 $2 + 3 \times 4$ 相同？

A. $(2 + 3) \times 4$

B. 2 + (3 × 4)

C. 2 × 3 + 4

下列哪个算式正确使用了括号？

A. 8 − (3 + 5) × 2

B. (8 − 3 + 5) × 2

C. 8 − (3 + 5) × (2 + 1)

0除以一个非零的数，结果是：

A. 0

B. 1

C. 无法计算

下列哪个等式是正确的？

A. (5 + 3) ÷ 2 = 4

B. 5 + 3 ÷ 2 = 6

C. (5 + 3) ÷ 2 = 1

三、计算题（每题4分，共20分）

15 + (8 × 2) − 6 = _____

(10 − 4) × 3 = _____

(7 + 5) ÷ 3 = _____

24 ÷ (4 × 2) = _____

(12 − 6) × (9 − 7) = _____

四、应用题（每题10分，共30分）

小明买了4个苹果和3个橙子，每个苹果2元，每个橙子3元。小明一共花了多少钱？

一个长方形的长是8厘米，宽是4厘米，求这个长方形的周长。

一本书有120页，小红每天看8页，看了5天后，还剩多少页没看？

五、简答题（10分）

请写出一个既有加法、减法，又有乘法、除法的四则混合运算算式，并计算其结果。

注意：以上试题仅供参考，实际使用时可能需要根据学生的实际情况进行调整。

（二）加强对思维能力的考查

在小学数学测试中，加强对学生思维能力的考查至关重要。这不仅是因为数学思维能力是数学学习的核心，更是因为它对学生未来的发展和创新能力的培养具有深远的影响。

为了有效地考查学生的思维能力，我们可以设计一些需要推理、分析和归纳的问题。例如，给出一组数字或图形，让学生找出其中的规律或特点。这类问题能够激发学生的好奇心和探索欲望，促使他们主动思考和分析问题。

我们还可以设置一些开放性问题，让学生从不同的角度去思考和解决问题。这类问题没有固定的答案，需要学生发挥自己的想象力和创造力来提出解决方案。通过这种方式，我们可以培养学生的创新思维和发散性思维，为他们未来的发展打下坚实的基础。

除此之外，我们还可以通过一些具有挑战性的问题来考查学生的思维能力。例如，设计一些需要多步骤解决的问题，或者一些需要运用多种数学知识才能解决的问题。这类问题能够检验学生是否将所学的知识融会贯通并灵活地运用到实际问题中去。

（案例）

小学数学思维能力测试题

一、逻辑推理

小华、小红、小明三个人在比身高。小华说："我比小红高。"小红说："小明比我矮。"小明说："小华比我高。"请按从高到低的顺序排列这三个人。

二、找规律

观察下列数列，找出其中的规律，并填写接下来的两个数字。

1, 3, 6, 10, 15, ___, ___

三、最优化问题

一家7口人要过河，分别是爷爷、奶奶、爸爸、妈妈和3个小孩。河边只有一条小船，船上每次最多只能载两人。其中，只有爸爸、妈妈和爷爷会划船。请设计一个方案，让他们用最少的划船次数全部过河。

四、复杂问题的解决

一家超市有3种不同口味的果冻，分别是草莓味、苹果味和葡萄味。超市为了促销，推出了一种特别的包装方式：每个包装里必须包含3种口味的果冻，且每种口味至少有1个。现在超市有以下几种规格的果冻可供选择：

草莓味：小包装（5个）、大包装（10个）

苹果味：小包装（4个）、大包装（8个）

葡萄味：小包装（3个）、中包装（6个）、大包装（9个）

一个顾客想要购买一个包含15个果冻的特别包装，请问该如何组合不同口味的果冻包装，以满足顾客的需求？请给出至少两种组合方案。

（三）实际应用问题能力的测试

实际应用问题是小学数学测试中不可或缺的一部分，因为它能最直接地反映学生运用数学知识解决实际问题的能力。这种能力不仅关乎学生的数学素养，更是他们未来生活和工作中不可或缺的技能。

为了有效地测试学生的实际应用能力，我们可以设计一系列与生活息息相关的问题。例如，在购物场景中，我们可以让学生计算不同商品的折扣价，或者比较不同购买方案的成本。这样的问题不仅要求学生掌握基本的数学运算技能，还需要他们理解并应用相关的数学概念，如百分比、比例等。

我们还可以引入一些更复杂的实际应用问题，如预算规划、时间管理等，来进一步挑战学生的能力。这些问题需要学生综合运用所学的数学知识结合实际情况进行分析和决策。通过这样的测试，我们可以更准确地评估学生将数学知识应用于实际情境的能力。

为了增加测试的趣味性和实用性，我们还可以鼓励学生自己提出实际应用问题，并尝试用数学知识去解决。这样的活动不仅能激发学生的创造力，还能让他们在实践中深化对数学知识的理解。

> 案例

实际应用问题能力测试题

一、购物问题

小明去文具店买文具，一支铅笔1元，一个笔记本3元。他买了4支铅笔和2个笔记本，一共需要多少钱？

小红在超市买了一箱牛奶，每箱原价50元，现在打8折销售。小红实际需要支付多少钱？

二、距离、速度和时间问题

小华步行去学校，每分钟走60米，需要15分钟才能到达。小华家到学校的距离是多少米？

一辆汽车以每小时60千米的速度行驶，需要3小时才能到达目的地。请问目的地离出发点多远？

三、比例和百分比问题

一个果园有苹果树和梨树，苹果树和梨树的比例是3∶2。如果苹果树有60棵，那么梨树有多少棵？

一件衣服原价200元，现在打7.5折销售。打折后这件衣服的价格是多少？

四、面积和体积问题

一个长方形的长是8厘米，宽是6厘米。这个长方形的面积是多少平方厘米？

一个正方体水箱的边长是5米。这个水箱的体积是多少立方米？

五、单位换算问题

小丽量得一根木头的长度是2.5米。请把这根木头的长度换算成厘米。

一瓶汽水的容量是500毫升。请问这瓶汽水的容量相当于多少升？

（四）考查学生的数学建模能力

数学建模能力是现代数学教育中越来越被重视的一项能力。它要求学生能够将实际问题抽象成数学问题，并运用所学的数学知识去建立和解决实际问题。在小学数学测试中，考查学生的数学建模能力不仅有助于培养他们的创新思维和实践能力，还能为他们未来的发展打下坚实的基础。

为了有效地考查学生的数学建模能力，我们可以设计一些与现实生活密切相关的问题。例如，让学生根据某个城市的交通流量数据建立数学模型来预测未来的交通状况，或者根据某个地区的天气数据来建立数学模型预测该地区未来的天气变化。这些问题需要学生首先理解问题的实际背景，然后从中抽象出数学关系，并运用所学的数学知识去建立模型和解决实际问题。

我们还可以鼓励学生自主寻找实际问题进行数学建模实践。这不仅能培养他们的数学建模能力，还能提高他们的自主学习和独立解决问题的能力。通过这样的考查方式，我们可以更全面地了解学生在数学建模方面的能力和潜力，并为他们提供更有针对性的指导和帮助。

（案例）

数学建模能力测试题

一、植树模型

题目：学校计划在一条长2000米的公路两侧种树，每隔10米种一棵树，公路中间的十字路口（假设有5个）不需要种树。请问学校需要准备多少棵树苗？

解法：首先，我们考虑没有十字路口的情况。在2000米的公路上，每隔10米种一棵树，那么一个侧面上的树苗数量为2000 ÷ 10 + 1 = 201棵（因为两端都要种，所以需要加1）。但是，由于有5个十字路口不需要种树，所以需要减去5棵树，即201 − 5 = 196棵。而公路两侧都要种，所以总共需要196 × 2 = 392棵树苗。

点评：这道题目不仅考查了学生对植树模型的理解，还增加了对实际情况的考虑，如十字路口不需要种树。通过这类问题，可以锻炼学生的空间想象力和实际问题解决能力。

二、行程（时间速度）模型

题目：小明和小华同时从A、B两地出发，相向而行。小明的速度是60米/分钟，小华的速度是50米/分钟。两人在距离中点200米的地方相遇。请问A、B两地之间的距离是多少？

解法：设A、B两地之间的距离为d米。由于两人在距离中点200米的地方相遇，说明小明比小华多走了200 × 2 = 400米。根据时间=路程÷速度，两人相遇所用的时间是400 ÷ (60 − 50) = 40分钟。在这40分钟内，两人共同走过的路程就是A、B两地的距离，即d = (60 + 50) × 40 = 4400米。

点评：这道题相对复杂一些，不仅涉及速度、时间和距离的关系，还引入了相对速度和相遇问题的概念。这类问题可以锻炼学生的逻辑思维和复杂问题的解决能力。

三、上楼梯模型

题目：小华住在10楼，他每上一层楼需要走15级台阶，但是5楼到6楼之间的楼梯因为维修被封闭了，他需要从4楼通过另一条通道走到6楼，这段路程的台阶数量是30级。请问小华从1楼走到10楼，总共需要走多少级台阶？

解法：从1楼到4楼和从6楼到10楼，小华每上一层都需要走15级台阶。因此，这部分的台阶总数为15 ×（4−1）+15 ×（10−6）=45+60=105级。再加上4楼到6楼的30级台阶，所以总台阶数为105+30=135级。

点评：这道题在上楼梯模型的基础上增加了一些变化，如某段楼梯的台阶数量不同。通过这类问题，可以锻炼学生的应变能力和对复杂情况的处理能力。也提醒学生在解决实际问题时要考虑各种可能的情况。

（五）关注学生的情感态度和价值观

在小学数学测试中，我们不仅要关注学生的知识技能掌握情况，还要关注他们的情感态度和价值观。这不仅是因为情感态度和价值观对学生的学习和发展具有重要影响，更是因为它们是培养学生全面素养的重要组成部分。

为了有效地考查学生的情感态度和价值观，我们可以在测试中设置一些与数学文化、数学史相关的题目。例如，让学生了解某位著名数学家的生平和贡献，或者探讨某个数学定理背后的思想和意义。这样的问题不仅能够拓宽学生的视野，还能激发他们的学习兴趣和热情。

我们还可以结合当前的社会热点问题来设置相关问题。例如，让学生探讨如何运用数学知识来解决环境保护、资源利用等实际问题。这样的问题不仅能够引导学生关注社会和生活，还能培养他们的社会责任感和公民意识。

通过这样的考查方式，我们可以更全面地了解学生在情感态度和价值观方面的发展情况，并为他们提供更有针对性的教育和引导。这也有助于我们培养出既有扎实数学知识，又有良好情感态度和价值观的优秀人才。

> 案例

中国传统数学测试题

一、计算题：珠算之魅力

在古代，人们常用算盘来进行复杂的计算。算盘上的每颗上珠代表5，每颗下珠代表1。现在算盘上某处有3颗上珠和2颗下珠都被拨到了靠梁的一侧，请问这些珠子总共代表多少？

二、应用题：鸡兔同笼

《孙子算经》中记载了一个有趣的问题："今有鸡兔同笼，上有三十五头，下有九十四足，问鸡兔各几何？"请你计算一下，笼子里有多少只鸡和多少只兔子？

三、几何题：七巧板

七巧板是中国传统的智力游戏，由七个不同形状的小块组成。其中一个是正方形，请问这个正方形的面积占整个七巧板面积的几分之几？（假设所有板块都是同样厚度的平面图形）

四、数列题：杨辉三角

宋代数学家杨辉在他的著作中提出了著名的"杨辉三角"。请观察下面的数字三角形，并找出第6行的第3个数字是多少？

1

1 1

1 2 1

1 3 3 1

1 4 6 4 1

（请在此行找出第3个数字）

…

五、逻辑推理题：韩信点兵

古代军事家韩信曾用过一个巧妙的方法来点兵。他先是让所有士兵排成3列，结果多出2人；再让所有士兵排成5列，结果多出3人；最后让所有士兵排成7列，结果多出2人。请问韩信至少有多少士兵？（假设士兵总数在100～200人之间）

二、小学数学测试形式的创新

融合口头与书面测试之精髓，借助计算机技术的力量，团结小组之智慧，灵活采用开卷或半开卷之策略，并巧设情境化之考题，我们便能以诗意的方式革新小学数学的测试方法，更精准地评判学子的数学造诣，助推其全方位成长。

（一）口头测试与书面测试相结合

传统的书面测试虽然能够全面、系统地评估学生的知识技能，但往往忽略了对学生口头表达能力、即时思维能力的培养与考查。为了更全面地评价和发展学生的能力，口头测试与书面测试的结合显得尤为重要。

口头测试可以包括口算、估算及应用题解答等环节。口算不仅能够锻炼学生的计算能力，还能够提高他们的反应速度和准确度。例如，教师可以通过快速提问一系列口算题目要求学生在规定的时间内迅速作答，这样既锻炼了学生的口算能力，又增强了他们的应变能力。

估算在日常生活中也有着广泛的应用。通过估算可以快速对事物进行预判。在口头测试中，教师可以给出一些需要估算的场景，如购物时快速估算总价，或者估算某个物体的长度、面积等，这样既能培养学生的估算能力，又能让他们更好地理解数学在生活中的实际应用。

应用题解答则是检验学生将数学知识应用于实际问题解决的能力的重要环节。教师可以通过口头描述一个实际问题，让学生现场思考并给出解决方案，这样既能考查学生的数学知识，又能锻炼他们的思维能力和口头表达能力。

书面测试则能够更深入地考查学生的知识技能和应用能力。通过书写，学生可以更加细致地展示自己的解题过程和思路，教师也能更准确地判断学生对知识的掌握程度。

（二）引入计算机辅助测试

随着科技的飞速发展，计算机辅助测试为小学数学教学带来了新的可能性。通过计算机辅助测试，教师可以更加高效、准确地评估学生的学习成果，而学生也能在更加多样化的测试形式中提升对数学的兴趣。

计算机辅助测试的优势在于其快速、准确的评分和即时反馈。传统的书面测试需要教师花费大量时间批改和统计分数，而计算机辅助测试则可以在短时间内完成这些工作，大大提高了工作效率。计算机辅助测试还能提供详细的反馈报告，帮助学生和教师更好地了解学生在各个知识点上的掌握情况。

除了评分和反馈，计算机辅助测试还能提供丰富多样的问题类型和呈现方式。例如，教师可以利用计算机生成动态的几何图形问题，让学生在观察动态图形的过程中进行解答，这样既能激发学生的学习兴趣，又能更直观地考查他们的空间想象力。计算机辅助测试还可以模拟实验场景，让学生在虚拟环境中进行数学实验，从而培养他们的实验操作能力和科学探究精神。

引入计算机辅助测试，不仅可以提高教学效率，还能为小学数学教学注入更多的趣味性和互动性。然而，教师在使用计算机辅助测试时也要把握好度，避免过度依赖技术而忽视与学生的面对面交流。

（三）采用小组合作形式进行测试

小组合作形式进行测试是一种创新且富有成效的教学方法。在小学数学教学中采用小组合作形式进行测试，不仅可以培养学生的团队合作精神和协作能力，还能提高他们的学习效果和解决问题的能力。

在小组合作测试中，学生需要分工合作，共同完成测试任务。这要求每个学生都要发挥自己的长处，积极参与团队讨论和解题过程。通过这种方式，学生可以学会倾听他人的意见，尊重他人的想法，同时也能更好地理解和掌握数学知识。

小组合作测试还能减轻学生的紧张情绪和压力感。在传统的个人测试中，学生往往因为担心自己的成绩而感到紧张和压力重重。而在小组合作测试中，学生可以与团队成员共同面对问题，互相支持和鼓励，从而减轻个人压力。

小组合作测试还能提高学生的自信心和表达能力。在团队合作中，每个学生都有机会发表自己的观点和想法，这不仅能锻炼他们的口头表达能力，还能提高他们的自信心和自我价值感。

当然，教师在组织小组合作测试时也要注意合理分组和明确任务目标，确保每个学生都能在团队中发挥自己的作用并取得进步。

（四）实行开卷考试或半开卷考试形式

传统的闭卷考试形式虽然能够检验学生对知识的记忆和理解程度，但也可能导致学生产生过度的紧张情绪和焦虑心理。为了缓解学生的压力并提高他们的自信心和积极性，可以采取开卷考试或半开卷考试的形式进行测试。

在开卷考试中，学生可以携带相关资料和书籍进入考场，在考试过程中通过查阅相关资料来解决问题。这种方式不仅可以减轻学生的记忆负担和压力感，还能培养他们的自主学习能力和解决问题的能力。开卷考试能更真实地反映学生的实际应用能力和综合素质。

半开卷考试则是介于闭卷和开卷之间的一种形式。在这种形式下，教师允许学生携带一张写有知识点的纸张进入考场，但纸张上的内容必须是学生自己总结和整理的。这种方式既能考查学生对知识的理解和掌握程度，又能培养他们的自主学习和独立思考能力。

实行开卷考试或半开卷考试形式需要教师制定合理的考试规则和评分标准，确保考试的公平性和有效性。教师也要引导学生正确看待开卷考试或半开卷考试的意义和价值，避免他们产生依赖心理或忽视平时的学习积累。

（五）创设情境化测试环境

情境化测试环境是小学数学教学中的一种创新方法，它通过创设与现实生活相关的情境来考查学生的实际应用能力和解决问题的能力。这种测试形式能够帮助学生更好地理解问题和解决问题,提升他们的学习兴趣和实践能力。例如,在测试学生的加减乘除运算能力时,教师可以设置一个购物场景的情境化测试环境。在这个环境中,教师可以扮演售货员的角色,而学生则需要扮演购物者的角色。在购物过程中,学生需要计算商品的总价、找零等实际问题,这样既能考查他们的运算能力,又能让他们更好地理解数学在购物中的应用。

除了购物场景,教师还可以创设其他与生活密切相关的情境来进行测试。例如,可以设置旅行场景来考查学生对距离、速度和时间等概念的理解和应用,或者设置家庭预算场景来考查学生对比例和百分比等知识点的掌握情况。

通过情境化测试环境的创设,教师可以更加真实地评估学生的实际应用能力和解决问题的能力。这种测试形式也能激发学生的学习兴趣和积极性,提高他们的实践能力。然而,教师在创设情境化测试环境时也要注意情境的合理性和真实性,确保测试的有效性和公平性。

第三节　成绩分析与反馈机制构建

小学数学测试成绩分析与反馈机制的构建，是提升学生学习效果的关键环节。通过深入分析测试成绩的整体分布、知识点掌握、题型得分及个体差异，并采用描述性统计、频数分布分析、交叉分析等多种方法，我们能够精准诊断学生的学习问题。构建有效的反馈机制，结合即时性、个性化、建设性和多元化的反馈方式，不仅能激发学生的学习动力，还能为他们指明学习方向，并促进师生互动。这一综合性的分析与反馈流程，旨在确保每位学生都能在数学的海洋中畅游，实现自我超越，不断提升学习能力和成绩。

一、测试成绩分析

测试成绩分析如同一面明镜，不仅映射出学生的整体学习风貌，还细致刻画了他们在知识点掌握、题型应对及个体成长轨迹上的独特印记。通过精湛的描述性统计、频数分布分析、交叉分析、难度与区分度分析及历史成绩趋势的分析，我们得以深入洞察学生的学习脉搏，为教师绘制出一幅幅鲜活的教学策略调整蓝图，让个性化教育之花在数据的滋养下绽放光彩。

（一）测试成绩分析维度

深入剖析整体成绩分布、知识点掌握、题型得分及个体差异，教师如同细心的园丁，精心雕琢着每一株花朵，确保他们在数学的海洋中乘风破浪，绽放出最耀眼的光芒。

1. 整体成绩分布

分析全班或全年级的数学测试成绩分布情况是评估教学效果和学生学习状态的重要手段。通过整体成绩分布，我们可以获取一系列关键指标，如平均分、最高分、最低分、及格率和优秀率等，这些指标为我们描绘出了班级或年级的整体学习水平。

平均分是所有学生成绩的算术平均值，它反映了学生群体的普遍水平。一个较高的平均分意味着大部分学生都掌握了所学内容，而一个较低的平均分则暴露出教学中的问题或学生的学习难点。例如，如果平均分低于预期，教师可能需要重新审视教学方法或教材内容，以确保知识能够有效传递。

最高分和最低分揭示了学生在成绩上的极端差异。如果一个班级的最高分非常高，而最低分非常低，这表明学生之间存在较大的学习差距。这种情况下，教师需要关注那些成绩较低的学生，了解他们的学习障碍并为其提供额外的帮助。

及格率显示了有多少学生达到了课程的基本要求。较高的及格率通常意味着大多数学生都掌握了核心概念，而较低的及格率则是一个警示信号，表明有相当一部分学生在学习上遇到了困难。例如，如果及格率低于预期，教师就需要提供更多的辅导材料或组织学习小组来帮助那些落后的学生。

优秀率反映了学生在高水平上的表现。较高的优秀率意味着有一部分学生在学习上表现出色，他们需要更多的挑战和深化学习的机会。教师可以通过为这些学生提供额外的项目或阅读材料来满足他们的学习需求。

2. 知识点掌握情况

在数学测试中，分析学生对知识点的掌握情况是至关重要的。这不仅有助于教师了解学生在各个知识点上的表现，还能帮助教师找出教学的重点和难点，从而更有针对性地进行教学。

首先，教师可以通过分析测试试卷中各个知识点的得分情况来判断学生对这些知识点的掌握程度。例如，如果某个知识点的得分率普遍较低，那么这就说明这个知识点可能是学生的普遍难点，教师在后续的教学中需要重点强调和讲解。

其次，教师还可以结合课堂表现和平时作业情况来进一步分析学生对知识点的掌握情况。例如，如果学生在课堂上对某个知识点表现出浓厚的兴趣，但是在测试中却得分不高，那么这就可能说明学生在理解这个知识点时存在误区或者遗漏了某些关键信息。此时，教师需要针对这个知识点进行深入的剖析和讲解，帮助学生纠正错误的理解。

再次，教师还可以通过分析不同学生对知识点的掌握情况来发现学生的个体差异。例如，有些学生可能在代数方面表现出色，但是在几何方面却感到困难；有些学生则可能恰好相反。这就需要教师根据学生的个体差异制定个性化的教学方案，帮助每个学生全面掌握所学的知识点。

最后，教师可以通过定期的测试和练习来检验学生对知识点的掌握情况是否提高。例如，教师可以在一段时间内对某个难点知识点进行反复讲解和练习，然后再通过测试来检查学生的掌握情况。如果学生的得分率有所提高，那么就说明这个教学方法是有效的。反之，则需要教师进一步反思和改进教学方法。

3. 题型得分情况

在数学测试中，不同的题型考察的是学生不同的能力和技巧。因此，分析学生在不同题型上的得分情况，对于了解学生的学习状况和提升空间具有重要意义。

选择题通常考查学生对知识点的理解和记忆。如果学生在选择题上得分较高，说明他们对基础知识的掌握相对牢固。反之，若学生在选择题上失分较多，则意味着他们在记忆或理解某个概念时存在误区，需要教师针对这些误区进行澄清和讲解。

填空题注重考查学生的细节把握和精确计算能力。如果学生在填空题上表现出色，说明他们具备较强的计算能力和对知识点有精确的理解。反之，如果学生在填空题上失分严重，那么需要加强他们的计算训练和对知识点的深入理解。

计算题是检验学生数学运算能力和逻辑思维的重要环节。学生在计算题上的表现可以反映出他们的数学功底和解题策略。如果学生在计算题上得分高，说明他们的数学运算能力和逻辑思维能力较强。若得分低，则需要加强数学运算的训练，提高解题速度和准确性。

应用题着重考查学生运用数学知识解决实际问题的能力。学生在应用题上的表现不仅体现了他们的数学知识水平,还展示了他们的创新思维和实践能力。如果学生在应用题上表现出色,说明他们能够将数学知识与实际问题相结合,具备较强的解决问题的能力。若得分不理想,则可能需要加强应用题的训练,提高他们的问题解决能力和实践应用能力。

4. 个体差异分析

在数学教育中,每位学生都是独一无二的个体,他们有着不同的学习方式、速度和兴趣。因此,对比不同学生的成绩,深入分析学生的个体差异,对于教师进行个性化教学和辅导至关重要。

教师可以通过对比学生的成绩变化发现哪些学生成绩稳定,哪些学生成绩有所波动。对于成绩稳定的学生,教师可以鼓励他们继续保持并探索更深层次的数学知识;对于成绩波动较大的学生,教师需要关注他们的学习情况,了解导致成绩波动的原因,如学习态度的变化、家庭环境的影响等,并及时给予指导和帮助。

教师可以通过观察学生的课堂表现和作业情况发现哪些学生在数学学习上有明显的进步或退步。对于进步明显的学生,教师可以给予肯定和表扬,同时鼓励他们分享学习经验和方法,以便其他学生借鉴;对于退步的学生,教师需要与他们沟通,了解他们在学习中的困难和挑战,并制订个性化的辅导计划,帮助他们迎头赶上。

教师还可以通过与学生进行一对一的交流了解他们的学习风格、兴趣和目标。例如,有些学生可能更擅于逻辑推理,而有些学生则可能更擅长直观感知。这就需要教师根据学生的个体差异灵活调整教学方法和策略,以满足不同学生的学习需求。

教师可以通过定期的评估和反馈确保个性化教学和辅导的有效性。例如,教师可以为每位学生建立学习档案,记录他们的学习进步和问题,并根据档案中的信息调整教学和辅导计划。教师也可以鼓励学生进行自我评估和反思,培养他们的自主学习能力和自我管理能力。

(二)测试成绩分析方法

通过描述性统计、频数分布分析、交叉分析、难度与区分度分析及趋势

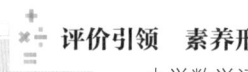

分析，我们深入剖析了小学数学测试成绩，旨在全面了解学生的学业表现，及时调整教学策略，确保每位学生在数学的航道上稳步前行，绽放出属于自己的光彩。

1. 描述性统计分析

描述性统计分析是测试成绩分析的基础，它通过对数据的整理和概括，为我们提供了对整体成绩的初步了解。在小学数学测试成绩分析中，这种方法显得尤为重要。例如，我们可以计算全班的平均分，以了解学生在这次数学测试中的普遍水平。如果平均分较高，说明大部分学生对所学内容掌握得相对较好。反之，则可能需要加强相关知识点的教学。标准差能帮助我们了解成绩的离散程度，即学生之间的成绩差异。较小的标准差意味着学生的成绩较为集中，而较大的标准差则表明学生间的成绩差异较大。

最高分和最低分也是我们需要关注的统计量。它们不仅反映了学生的极端表现，还能为我们提供教学质量的上限和下限参考。通过对这些统计量进行综合分析，我们可以对全班学生的数学水平有一个全面而准确的认识。

2. 频数分布分析

频数分布分析是进一步了解学生成绩分布情况的有效方法。在小学数学测试中，我们可以将成绩划分为不同的分数段，并统计每个分数段内的学生人数。通过这种方式，我们可以更直观地看到哪些分数段的学生较多，哪些分数段的学生较少。例如，我们可以将成绩划分为优秀（90分以上）、良好（80~89分）、中等（70~79分）、及格（60~69分）和不及格（60分以下）五个等级，并绘制频数分布表或直方图。这样，我们就可以一目了然地看出各个等级的学生人数分布，从而为后续的教学策略调整提供参考。

3. 交叉分析

交叉分析是一种深入探讨不同背景下学生成绩差异的方法。在小学数学测试中，我们可以结合学生的性别、年龄、学习习惯等因素进行交叉分析。例如，我们可以比较男生和女生在数学测试中的平均成绩，以探讨性别对数学学习的影响。我们还可以分析不同年龄段学生的成绩差异，以了解学生在不同发展阶段的学习特点。学生的学习习惯也是一个重要的交叉分析因素。例如，我们可以对比经常做笔记的学生和不常做笔记的学生的成绩，以探究学习习惯与数学成绩之间的关系。

4. 难度与区分度分析

试题的难度和区分度是分析试题质量的重要指标。在小学数学测试中，我们可以通过计算试题的难度和区分度来分析试题的质量及它对不同水平学生的区分能力。

难度是指试题的难易程度，它可以通过学生的正确率来计算。一道题的难度适中，既能够检验学生的知识水平，又不会过于简单或困难。而区分度则是指试题对不同水平学生的鉴别能力。一道好的试题应该能够清晰地区分出不同水平的学生，使得优秀的学生能够脱颖而出，而基础较薄弱的学生也能够暴露出自己的不足。

通过对试题的难度和区分度进行分析，我们可以及时调整试题的难度和类型，以确保测试的有效性和公平性。

5. 趋势分析

趋势分析是对比历次测试的成绩数据，分析学生的学习趋势和成绩变化的方法。在小学数学教学中，这种方法能够帮助我们及时发现学生的学习动态和问题，以便及时调整教学策略和辅导计划。例如，我们可以对比一个学期内多次数学测试的平均成绩，以了解学生在整个学期内的学习进步情况。如果发现学生的成绩呈现下降趋势，我们就需要深入分析原因：是学生对某个知识点的掌握出现了问题，还是学习方法不当等。针对这些问题，我们可以及时调整教学内容和方法，帮助学生克服困难，提高成绩。趋势分析也可以为我们提供预测未来学习成果的依据，从而更好地指导学生的数学学习。

二、反馈机制建构

测试反馈机制如同指引学生前行的明灯，它诊断学习症结、点燃学习热情、指明前行方向并搭起师生互动的桥梁，通过即时性、个性化、有建设性且多元的反馈方式及持续的追踪关注，确保学生在学习的征途上不断突破自我，勇攀高峰。

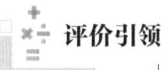

（一）小学数学测试反馈机制的作用

小学数学测试反馈机制不仅诊断学生的学习问题、激发学习动力，而且引导学生明确学习方向，同时有效促进师生互动，是提升学习效果和教学质量的关键环节。

1. 诊断学习问题

在小学数学教学中，测试反馈机制的首要作用是诊断学生的学习问题。每当学生完成一次数学测试，通过详细的反馈，他们能够获得自己在哪些方面存在不足、哪些知识点尚未掌握的准确信息。这种诊断不仅让学生明白自己的短板，也为他们提供了一个明确的改进方向。例如，当学生在一次测试中关于分数的加减法存在明显的错误时，反馈机制能够明确指出这一点。学生因此可以意识到自己在这方面的薄弱，进而在课后进行有针对性的复习和练习，以此来强化这一知识点。

2. 激发学习动力

反馈机制在小学数学测试中还起到了激发学生学习动力的关键作用。每当学生在测试中取得好成绩，或者比上一次有所进步时，给予他们及时的正面反馈可以极大地提高他们的学习热情和自信心。例如，一个学生可能在初次接触乘法时感到困难，但在经过一段时间的努力后，他在乘法测试中取得了明显的进步。此时，教师给予的肯定和鼓励无疑是对他努力的最好回应。这种正面的反馈让学生感受到自己的付出得到了认可，从而更加愿意投入到数学学习中。

3. 引导学习方向

对于小学生来说，他们的学习方向和计划往往需要教师和家长的引导。而数学测试的反馈机制正是为他们提供了一个明确的学习方向。每次测试后的反馈都能让学生知道自己在哪些方面需要进一步加强，哪些知识点是接下来的学习重点。例如，当学生在几何图形的认知上存在误区时，测试反馈会明确这一点。学生和教师可以根据这一反馈制订接下来的学习计划，将几何图形的学习作为重点，从而确保学生在这方面能够迎头赶上。

4. 促进师生互动

在小学数学教学中，良好的师生互动对于提高学生的学习效果有着至关重要的作用。而测试反馈机制，正是加强师生之间沟通和互动的一个有效途径。每次测试后，教师都会根据学生的答题情况，给予他们详细的反馈和建议。这不仅让学生感受到教师的关心和负责，也为他们提供了一个与教师交流的机会。例如，有的学生在面对复杂的数学问题时可能会感到困惑和迷茫。此时，教师的反馈和建议就像是一盏明灯，为他们指明了前进的方向。学生可以根据教师的反馈提出自己的疑问和困惑，而教师则可以针对这些问题给予进一步的解答和指导，从而形成良好的互动循环，加强师生之间的联系，为学生的学习创造一个更加和谐和积极的氛围。

（二）反馈机制建构方法

小学数学测试反馈机制的建构应采用即时性、个性化和建设性的多元化反馈方式，同时结合追踪式反馈，确保学生在了解自身问题的同时获得具体的改进方向，从而持续、有效地提升学习效果。

1. 即时性反馈

即时性反馈是小学数学测试反馈机制中至关重要的一环。测试结束后，教师应迅速批改试卷，并在最短的时间内将成绩和评语反馈给学生。这种即时性能够让学生及时了解自己的学习成果，发现存在的问题，并迅速进行调整和改进。例如，在一次数学单元测试后，教师可以在课堂上即时公布成绩，并针对常见错误进行点评。教师也可以利用课后时间对个别成绩不理想或存在特定问题的学生进行一对一的即时性反馈，指出他们在测试中的不足，给出具体的改进建议。

即时性反馈的优势在于其时效性和针对性。它能让学生在第一时间了解自己的学习状况，从而及时调整学习策略，避免在后续的学习中重复犯错。

2. 个性化反馈

每个学生都是独一无二的个体，他们在数学学习中的问题和需求也各不相同。因此，个性化反馈在小学数学测试反馈机制中显得尤为重要。教师应根据每个学生的具体情况给出个性化的反馈意见，帮助他们解决具体问题。例如，对于计算能力较弱的学生，教师可以针对其计算错误给出具体的练习方法和提高策略；对于逻辑思维能力不足的学生，教师可以设计一些逻辑推理题，帮助他们锻炼思维。

个性化反馈要求教师深入了解每个学生的学习特点和问题所在，制订符合他们个人需求的学习计划。这种反馈方式能够让学生感受到教师的关注和重视，从而更加积极地投入到数学学习中。

3. 建设性反馈

建设性反馈是指在给出问题的同时还提供具体的改进建议和学习策略。这种反馈方式不仅让学生明白自己的不足，还为他们指明了改进的方向。例如，在反馈学生解题步骤混乱的问题时，教师可以先指出问题所在，然后给出具体的解题步骤和思路。教师还可以推荐一些相关的练习题，让学生在实践中巩固和提高。

建设性反馈强调问题的解决和学习的进步。它要求教师在指出问题的同时还要提供可行的解决方案，帮助学生逐步克服困难，促进学习进步。

4. 多元化反馈

随着科技的发展，反馈的方式也越来越多样化。除了传统的书面反馈外，教师还可以采用口头反馈、电子邮件、在线平台等多种方式进行沟通。这种多元化的反馈方式能够适应不同学生的需求，提高反馈的效率和效果。例如，对于性格内向、不善表达的学生，教师可以通过电子邮件或在线平台与他们进行沟通，这样可以避免面对面交流的尴尬；对于性格外向、喜欢交流的学生，教师可以利用课间休息或课后时间对他们进行面对面的口头反馈。

多元化反馈的优势在于其灵活性和便捷性。它可以根据学生的个性和需求进行调整，提高反馈的针对性和有效性。

5. 追踪式反馈

追踪式反馈是指对学生的改进情况进行持续追踪和反馈。这种反馈方式能够确保学生在正确的轨道上不断进步，及时发现并纠正学习中出现的问题。例如，在给出初次反馈后，教师可以设定一个合理的时间周期（如一周或两周），然后对学生的改进情况进行追踪。如果发现学生有明显的进步，教师应及时给予肯定和鼓励；如果发现学生仍存在问题或进步缓慢，教师应深入分析原因，并给出更具有针对性的反馈和建议。

追踪式反馈强调持续性和动态性。它要求教师时刻关注学生的学习情况，并根据实际情况进行调整和优化。这种反馈方式能够确保学生的学习始终处于正确的轨道上，实现持续、稳定的进步。

第六章 小学数学实践活动评价策略

在小学数学的广阔天地里，实践活动扮演着举足轻重的角色。它们不仅是数学知识的实际应用，更是学生锻炼思维、提升问题解决能力的重要平台。每一次的实践活动，都如同一次探险旅程，学生在教师的引领下，在家长的陪伴中，携手探索数学的奥秘，感受数字的魅力。

实践活动，是学生将课堂所学与实际生活紧密相连的桥梁。在这些活动中，抽象的数学概念变得生动且触手可及，学生得以亲手操作、亲眼观察，从而深刻理解数学的实用价值和无穷趣味。无论是测量物体的长度、计算物体的面积，还是进行数据的统计与分析，每一个步骤都蕴含着数学的智慧与美感。

然而，要让实践活动真正发挥效用，评价策略的构建不可或缺。评价不仅是对学生学习成果的检验，更是对他们努力与进步的认可与鼓励。在实践活动中，我们如何科学地制定学生表现的评价标准？如何确保评价既全面又公正，既能激励先进又能鞭策后进？在本章我们将一起探索如何制定合理的评价标准，如何更有效地进行教师指导和家长参与，以期让学生在每一次的实践活动中都能收获满满、成长无限。

第一节　实践活动类型及其特点分析

小学数学实践活动，包括测量、图形变换与制作、数据收集与分析、数学游戏竞赛及数学建模解决实际问题等五种类型。这些活动各具特色：测量活动让学生直观感受数学单位，图形变换培养学生的空间感和创造力，数据收集锻炼学生的统计思维，数学游戏竞赛提升学生的智力，而数学建模则侧重于实际应用与创新思维。这些多样化的实践活动不仅富有趣味性和探究性，更能全面提升学生的数学应用能力、实践操作技能、团队合作精神及解决问题的能力，是小学数学教育中不可或缺的重要组成部分。通过积极参与这些活动，学生能够在轻松愉快的氛围中更深入地理解和掌握数学知识，为未来的学习和成长奠定坚实基础。

一、测量活动

测量活动是指学生使用测量工具（如直尺、卷尺、量角器等）对实际物体进行长度、宽度、高度、角度等物理量的测量，以获取准确数据并理解测量单位的活动。

测量活动这一看似简单的实践操作其实蕴含着深远的教育意义。它不仅是一种技能的培养，更是对数学概念、单位理解的深化及对生活实际应用能力的提升，并促进学生量感和数感的形成。

（一）测量活动的特点

1. 直观性

谈及测量活动的直观性，我们不得不提到它如何帮助学生建立起对长度、面积、体积等抽象数学概念的具体感知。对于小学生来说，很多数学概念是抽象且难以捉摸的,但通过亲手使用测量工具对实际物体进行测量,这些抽象的概念就变得生动和具体起来。例如,当学生用直尺测量书本的长度时,他们就能直观地感受到"厘米"这一长度单位所代表的实际距离,这种直观感受远比从书本上死记硬背来得更为深刻。

2. 实践性

在传统的数学课堂上,学生往往只是被动地接受知识,很少有机会亲自动手实践。但在测量活动中,学生需要亲自操作测量工具。这不仅锻炼了他们的动手能力,也让他们在实践中更深入地理解了测量单位的意义。例如,当学生用量角器测量角度时,他们不仅需要理解"度"这一单位的概念,还需要学会如何正确使用量角器。这种实践性学习无疑比单纯的理论学习更为有效。

3. 准确性

测量活动的准确性要求进一步培养了学生的精确意识和严谨态度。在测量过程中,任何一点小小的误差都可能导致测量结果的偏差,因此学生必须非常小心谨慎地进行操作。这种对准确性的追求不仅体现在测量技能的提升上,更有助于培养学生严谨的科学态度和精益求精的精神。

4. 与日常生活相联系

测量活动与日常生活的紧密联系也是其不可忽视的一大特点。无论是测量身高、体重,还是计算房间面积、物品体积,这些看似简单的日常活动,其实都蕴含着丰富的数学知识。通过参与测量活动,学生不仅能够更好地理解数学在生活中的实际应用,还能在日常生活中更加自如地运用数学知识解决实际问题。

测量活动还可以作为跨学科学习的桥梁。例如,在科学实验中,准确的测量是获取实验数据的关键;在美术创作中,对长度、宽度、高度等物理量的精确把握也是创作出优秀作品的基础。因此,通过测量活动,学生不仅能够提升数学技能,还能为其他学科的学习打下坚实的基础。

（二）测量实践活动案例设计

"测量我们的校园"综合实践活动案例

同学们，我们即将开启一场别开生面的"测量我们的校园"活动。在这个阳光灿烂的日子，让我们带上测量工具，一起走出教室，用数学的眼睛去探索校园的每一个角落，发现那些隐藏在尺寸间的奥秘吧！

一、活动主题

测量我们的校园。

二、活动目标

（1）使学生能够通过实际操作掌握基本的测量方法和技巧。

（2）加深学生对长度、面积等数学概念的理解，并能在实际情境中应用。

（3）培养学生的团队合作精神和动手实践能力。

（4）激发学生对校园的热爱和对数学学习的兴趣。

三、活动对象

三年级小学生。

四、活动时间

预计2~3个课时（包括准备、实践和汇报总结）。

五、活动准备

（1）测量工具：卷尺、直尺、测距仪（如条件允许）、量角器等。

（2）记录本、笔等文具。

（3）校园地图或平面图（如果可用）。

（4）安全设备，如反光背心、手套等（根据天气和实际情况准备）。

六、活动流程

1. 导入与分组

教师介绍活动主题和目标，讲解测量基础知识。

学生分组，每组4~5人，并选出组长。

讨论并分配任务，确定每组要测量的校园区域或建筑。

2. 实践活动

在教师的带领下,各组前往分配的区域进行实地测量。

学生使用测量工具测量长度、宽度、高度等,并记录数据。

教师提供指导和帮助,确保测量过程的准确性和安全性。

3. 数据整理与分析

回到教室后,各组整理测量数据,并计算面积、体积等(根据年级和数学水平调整计算难度)。

组内讨论测量结果,分析误差来源,提出改进方法。

4. 成果展示与汇报

每组准备一份汇报材料,包括测量数据、计算结果、误差分析和活动感受等。

各组轮流上台汇报,其他组进行点评和提问。

教师总结活动亮点和不足,提出改进建议。

七、活动评价

教师根据学生在活动中的参与度、测量数据的准确性、团队合作精神和汇报表现等方面进行评价。可以设置"最佳测量小组""最佳测量员""最有创意汇报"等奖项,激发学生的积极性和参与度。

八、活动延伸

鼓励学生将所学的测量知识应用到日常生活中,如测量家具、房间等。

九、活动总结

通过此次"测量我们的校园"综合实践活动,学生不仅能够在实际操作中掌握测量方法和技巧,还能加深对数学概念的理解,培养团队合作精神和实践能力。通过对校园的测量,也能增进学生对校园的了解和热爱。

二、图形变换与制作活动

图形变换与制作活动,是小学数学与几何学中一个引人入胜的探究领域。它不仅是学习数学的一种方式,更是激发学生创造力和空间想象力的有效途径。在这类活动中,学生将通过平移、旋转、对称等变换操作深入探究图形的

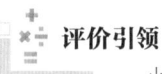

内在性质，并尝试利用这些基本图形制作出各种复杂的图案。

（一）图形变换与制作活动的特点

1. 创造性

每个学生都是一个小小的艺术家和创造者，他们拥有无限的想象力和创意。在图形变换与制作活动中，学生可以根据自己的喜好和审美自由地设计、创造出独一无二的图形和图案。创造性的发挥能让学生更加深入地理解图形的性质和变换规律，培养他们的创新思维和设计能力。

2. 培养学生空间感

空间感是人类对三维空间中物体的位置、形状、大小和相互关系的感知和理解的能力。在图形变换与制作活动中，学生需要通过平移、旋转、对称等操作来探究图形的性质和变换规律。这些操作需要学生不断地在脑海中构建和重构图形，从而帮助他们更好地理解空间关系，提升空间想象能力。

3. 艺术性

数学与艺术之间有着密切的联系，许多艺术家都从数学中汲取灵感。在图形变换与制作活动中，学生可以通过对图形的变换和组合创造出具有美感的图案和作品。这种活动不仅能够让学生感受到数学的美，还能够培养他们的审美情趣和艺术修养。通过将数学与艺术相结合，可以激发学生的学习兴趣和积极性，使他们在轻松愉快的氛围中学习数学。

4. 探索性

在图形变换与制作活动中，学生需要不断地尝试和探索，以找到最佳的图形变换和制作方法。这种探索过程不仅能够锻炼学生的动手能力和解决问题的能力，还能够培养他们的耐心和毅力。通过不断探索和实践，学生也可以更加深入地理解图形的性质和变换规律，为未来的数学学习打下坚实的基础。

除了以上提到的几个特点，图形变换与制作活动还具有趣味性、实践性等特点。这类活动可以让学生在玩中学、在学中玩，使他们在轻松愉快的氛围中掌握数学知识。通过亲身实践，学生可以更加深入地理解数学的应用价值和实际意义。

（二）图形变换与制作活动案例设计

"电脑制作图形变变变"活动案例

同学们，欢迎来到"电脑制作图形变变变"的奇妙世界！在这个活动中，我们将利用电脑软件，探索图形的平移、旋转和对称等变换的奥秘。通过动手操作，你们将亲身感受图形的魅力，发挥创意，创作出独一无二的图形作品。让我们一起踏上这场充满挑战与趣味的图形之旅，开启你们的创造力和想象力吧！

一、活动主题

电脑制作图形变变变。

二、活动目标

（1）使学生通过电脑软件了解图形的平移、旋转和对称等基本变换。

（2）培养学生的空间想象力和创造力。

（3）激发学生对图形变换的兴趣和探究欲望。

三、活动对象

小学四年级至六年级的学生。

四、活动时间

预计2个课时。

五、活动准备

（1）配备有图形编辑软件的电脑（如画图、Adobe Illustrator的试用版或其他适合小学生使用的图形编辑工具）。

（2）投影仪或大屏幕，用于展示和讲解。

（3）图形变换的示例图片或视频。

六、活动流程

1. 导入

教师展示一些图形变换的示例图片或视频，激发学生对图形变换的兴趣。

简短介绍图形的平移、旋转和对称等基本概念。

宣布活动主题"电脑制作图形变变变"，并告知学生他们将使用电脑软件来完成图形的变换。

2. 学习与探索

教师向学生展示如何使用所选的图形编辑软件，包括如何绘制基本图形，进行平移、旋转和对称等操作。

学生跟随教师的演示尝试自己操作软件，熟悉各种工具和功能。

教师提出几个简单的图形变换任务，让学生独立完成，以巩固所学操作。

3. 创作与挑战

学生自由选择一个主题（如动物、植物、建筑等），使用所学图形变换技巧，在电脑上创作一个独特的图形作品。

学生在创作过程中可以相互讨论、交流想法，但每个学生需要独立完成自己的作品。

教师巡视指导，及时解答学生的疑问，提供帮助。

4. 展示与评价

学生将自己的作品投影到大屏幕上，向全班同学展示，并简要介绍自己的创作思路和过程。

其他学生可以提问、评价，并提出建议。

教师总结学生的作品，强调图形变换在创作中的重要性，鼓励学生在日常生活中多观察、多思考，发现更多的图形变换应用。

七、活动评价

教师根据学生的参与度、作品质量和创意性进行评价。

可以设置"最佳创意奖""最佳技术奖"等奖项，激发学生的创作热情。

八、活动延伸

鼓励学生将所学的图形变换技巧应用到其他学科的学习中，如科学实验的图表制作、地理地图的解读等。

可以组织学生开展图形变换的竞赛活动，进一步提高学生的兴趣和参与度。

九、活动总结

通过此次"电脑制作图形变变变"活动，学生不仅能够熟练掌握图形的平移、旋转和对称等基本变换操作，还能在创作过程中培养空间想象力、创造力和审美能力。通过对电脑软件的应用，学生更能体会到现代科技在学习和创作中的重要作用。

三、数据收集与分析活动

数据收集与分析活动，是小学数学教育中一项至关重要的实践活动。这一活动形式让学生通过调查、实验等多种方式亲手收集数据，并利用图表、统计表等直观工具对数据进行深入的分析和解释，旨在培养学生的数据意识、分析能力和问题解决能力。

（一）数据收集与分析活动的特点

1. 实证性

在这个信息化、数据化的时代，数据的真实性和客观性尤为重要。学生通过数据收集与分析活动学习如何从繁杂的信息中筛选出真实有效的数据，进而基于这些数据做出合理的分析和判断。这种实证性不仅要求学生具备严谨的科学态度，还能锻炼他们去伪存真、筛选信息的能力。

2. 培养学生统计思维

统计思维是一种重要的数学思维方式，它帮助学生理解数据的分布、变异和相关性，从而揭示出现象背后的规律和趋势。在这类活动中，学生需要运用统计知识，如平均数、中位数、众数等，来描述和分析数据。通过不断的实践，学生可以逐渐掌握如何从数据中提取信息，预测趋势，评估风险。这种能力在他们未来的学习和工作中都将发挥重要作用。

3. 研究解决实际问题

数据收集与分析活动通常围绕实际问题展开，这使得学生有机会将数学知识应用于实际生活中。例如，调查学生的课余爱好可以帮助学生了解同龄人的兴趣倾向；统计家庭用水情况能让学生意识到资源的珍贵和节约的重要性。通过这些活动，学生不仅学会了如何收集、整理和分析数据，还培养了运用数学知识解决实际问题的能力。学生在收集和分析数据的过程中往往会发现一些意想不到的规律和现象，这激发了他们的好奇心和探索欲。

4. 合作性

数据收集与分析活动往往需要学生分组进行，每个小组成员需要共同讨论确定调查主题、设计调查问卷、收集数据、分析数据并撰写报告。在这个过程中，学生不仅需要发挥自己的专长，还需要学会倾听他人的意见，协调团队内部的分歧，共同完成任务。

（二）数据收集与分析案例设计

"同学的健康与运动"综合实践活动案例

亲爱的同学们，你们是否好奇自己的身体状况与同龄伙伴相比如何呢？你们是否想知道大家的运动习惯对健康成长有着怎样的影响？今天，我们将开启一项特别的综合实践活动——"同学的健康与运动"。在这个活动中，我们将一起探索身高、体重与运动习惯之间的奥秘。通过收集和分析数据，我们不仅能了解每个人的身体状况，还能发现运动习惯对我们健康成长的重要性。这将是一次充满趣味和发现的旅程。我们将亲手设计调查问卷，收集同学们的真实数据，并运用数学和统计学的知识进行深入分析。在这个过程中，我们不仅可以锻炼自己的数据收集和分析能力，更重要的是，我们能够更加关注自己的身体健康，培养良好的运动习惯。让我们携手并进，用数据和科学的方法揭开健康与运动的神秘面纱。相信在这次活动中，每个人都能收获满满的知识与成长！现在，就让我们踏上这段探索之旅吧！

一、活动主题

学生的健康与运动。

二、活动目标

（1）通过调查学生的身高、体重和运动习惯，培养学生数据收集的能力。

（2）利用收集到的数据进行分析，让学生了解健康状况与运动习惯之间的关系。

（3）提倡更健康的生活方式，增强学生的健康意识。

三、活动对象

本校小学生（调查样本：20名学生）。

四、活动时间

预计2周（包括数据收集1周，数据分析与报告编写1周）。

五、活动准备

（1）设计调查问卷，内容包括学生的身高、体重、每周运动频率、每次运动时长、运动类型等信息。

（2）准备数据收集工具，如纸质问卷或电子问卷系统。

（3）确定数据分析的方法和工具，如Excel或统计软件。

六、活动流程

1. 数据收集阶段

分发调查问卷给20名学生，并说明填写方法和注意事项。

收集完成的调查问卷，确保数据的完整性和准确性。

2. 数据分析阶段

将收集到的数据录入表格中。

对身高、体重数据进行描述性统计分析，计算平均值、中位数、众数等。

分析运动习惯数据，包括每周运动频率、运动时长和运动类型的分布情况。

探究身高、体重与运动习惯之间的相关性，可以使用图表（如散点图、柱状图等）进行可视化展示。

3. 结果展示与讨论阶段

编写数据分析报告，总结调查结果，并提出健康生活的建议。

在班级中进行结果展示，与同学们分享发现和见解。

组织讨论会，探讨如何改善不健康的运动习惯，推广健康的生活方式。

4. 后续行动

鼓励学生根据自己的数据分析结果制订个人健康计划。

定期跟踪学生的健康与运动情况，评估活动效果。

七、活动注意事项

确保调查过程的匿名性，保护学生隐私。

引导学生正确理解调查结果，避免对身材或运动习惯产生歧视或偏见。

强调健康生活的多样性，不仅限于运动习惯，还包括合理饮食、充足睡眠等方面。

八、活动总结

通过这份综合实践活动方案，学生能够亲身参与到数据收集与分析的过程中，更直观地了解健康与运动之间的关系，从而培养他们的健康意识和数据分析能力。

四、数学游戏与竞赛活动

数学游戏与竞赛活动是指以数学知识和技能为基础，通过游戏和竞赛的形式来激发学生的学习兴趣和竞争意识的活动。数学游戏与竞赛活动，作为教育领域中的一种创新教学方式，正日益受到广泛的关注和推崇。这种方式不仅将抽象的数学知识以生动、有趣的形式展现出来，更重要的是，它为学生提供了一个展示自我、挑战自我的平台，极大地丰富了学生的学习体验。

（一）数学游戏与竞赛活动的特点

1. 趣味性

众所周知，数学对于很多学生来说，是一门枯燥且难以掌握的学科。然而，当数学与游戏和竞赛相结合时，它的面貌便焕然一新。游戏本身就是一种能够引发人们好奇心和探索欲的活动，而数学游戏则巧妙地将数学知识融入其中，使学生在玩乐中学习，从而大大提高了学习的积极性。例如，一些基于数学原理的解谜游戏不仅考验学生的数学知识，还锻炼了他们的思维能力，让学习过程变得既有趣又富有挑战性。

2. 竞争性

竞争是人类社会的一种本能，它激励着人们不断追求进步和超越。在数学游戏与竞赛活动中，学生之间会形成一种积极的竞争氛围，这不仅能激发他们的学习动力，还能培养他们的抗压能力和应对挑战的勇气。通过竞赛，学生可以更直观地了解到自己在数学学习上的优势和不足，从而有针对性地进行提升。

3. 智力挑战

数学游戏与竞赛活动通常包含一系列复杂而有趣的数学问题，要求学生灵活运用所学的数学知识来解决。在这个过程中，学生不仅需要深厚的数学功底，还需要敏锐的观察力、灵活的思维方式和创新的解题策略。

4. 多元智能发展

在现代教育理念中，学生的多元化发展是至关重要的。而数学游戏与竞赛活动正好为学生提供了一个全方位的发展平台。在这类活动中，学生不仅需要运用数学知识，还需要发挥他们的逻辑思维能力、空间想象能力、创新思维能力及团队协作能力等。例如，一些团队合作的数学竞赛项目就要求学生之间进行有效的沟通和协作，共同解决问题。

5. 培养学生的自信心和责任感

在竞赛中取得好成绩，无疑会增强学生的自信心和成就感。参与竞赛也意味着承担了一定的责任和压力。通过不断挑战自我和超越自我，学生会逐渐学会如何面对压力、如何调整心态及如何保持积极向上的精神状态。

（二）数学游戏与竞赛活动案例设计

"数学之谜手抄报"竞赛活动案例

在人类文明的长河中，数学一直扮演着至关重要的角色。它不仅是科学技术发展的基石，更是人类思维与智慧的结晶。然而，对于许多学习者来说，数学可能是一门令人望而生畏的学科，充满了抽象与复杂。为了激发学生对数学的兴趣，培养其数学思维和解决问题的能力，我们特别设计了"数学之谜手抄报"竞赛活动。我们希望通过手抄报的形式让学生在搜集资料、设计版面、创作内容的过程中，更深入地了解数学的魅力和应用价值。这次活动不仅是一次知识的探索，更是一次艺术与数学的完美结合，让学生在实践中感受数学的乐趣，发现数学的魅丽。

一、*活动主题*

数学之谜手抄报。

二、活动目标

（1）激发学生对数学的兴趣和爱好。

（2）提高学生的数学应用能力和问题解决能力。

（3）培养学生的创新思维和艺术创作能力。

（4）增强学生的团队协作意识和实践能力。

三、活动对象

本校小学生。

四、活动时间

预计2周（包括准备1周，制作1周）。

五、活动准备

（1）教师准备相关数学知识和手抄报的制作技巧讲解。

（2）学生自备画纸、彩笔、尺子、剪刀等制作工具。

（3）教师提供数学主题和素材建议，如数学趣题、数学家的故事、数学在生活中的应用等。

六、活动流程

1. 第一阶段：准备阶段

教师向学生介绍数学手抄报的概念和制作目的，激发学生的学习兴趣。

教师讲解相关数学知识，为学生提供数学主题和素材作为参考。

学生自由组队，每队3~4人，共同讨论并确定手抄报的主题和内容。

学生利用课余时间收集相关资料，进行初步的设计和构思。

2. 第二阶段：制作阶段

学生根据收集的资料和设计构思开始制作手抄报。要求手抄报内容丰富多彩，包含数学知识、数学趣题、数学家的故事等元素。

学生在制作过程中要注重版面的美观和整洁，合理运用色彩和图案进行装饰。

教师在制作过程中给予指导和帮助，确保学生顺利完成手抄报的制作。

3. 第三阶段：展示与评价

学生将完成的手抄报进行展示，向全班同学介绍自己的作品。

教师和学生共同评价作品，评选出优秀作品并给予奖励（见表9）。

表9 "数学之谜手抄报"作品评价量表

评价项目	评价标准	得分
内容质量	数学知识准确，内容丰富多样，包含数学趣题、数学家故事等元素	
版面设计	版面布局合理，色彩搭配和谐，图案装饰恰当	
创意表现	主题独特，构思新颖，有创新点	
团队合作	团队分工明确，协作默契，共同完成任务	
表达与介绍	作品介绍清晰，表达准确，能够体现团队对作品的理解和思考	
整体效果	作品整体给人印象深刻，能够吸引观众注意，传递出数学的魅力	

评价说明：

1. 每个评价项目的得分为1~10分，根据作品的实际情况进行打分。

2. 总分为各评价项目得分之和，最高为60分。

3. 评价时注重学生的创意和努力，鼓励创新和团队合作。

4. 根据总分评选出优秀作品，并给予相应的奖励和表彰。

教师对活动进行总结，肯定学生的努力和成果，鼓励学生继续探索数学的奥秘。

七、活动注意事项

学生在制作过程中要注意安全，避免使用过于尖锐的工具或有毒的材料。

教师要关注学生的制作过程，及时给予指导和帮助，确保学生顺利完成作品。

评价作品时要注重学生的创意和努力，而不仅仅是作品的完美程度。

八、活动总结

通过这个数学手抄报竞赛活动，学生不仅可以巩固和拓展数学知识，还能提高他们的艺术创作能力和团队协作能力。这种寓教于乐的方式也有助于激发学生对数学的兴趣和热爱。

五、数学建模与解决实际问题活动

数学建模与解决实际问题活动，是现代教育体系中一种非常重要的实践教学方式。这种活动旨在让学生将所学的数学知识与技能应用于实际问题的解决中，通过数学建模来寻找问题的解决方案。它不仅能够锻炼学生的数学应用能力，还能够培养学生的逻辑思维、创新思维及解决实际问题的能力。

（一）数学建模与解决实际问题的特点

1. 综合性

数学建模本身就是一个综合性的过程，需要学生将所学的数学知识、技能和思维方法综合运用起来。在这个过程中，学生不仅要理解问题的实际背景，还要根据问题的特点选择合适的数学模型进行描述。这不仅要求学生对数学知识有深入的理解，还需要他们具备灵活运用这些知识的能力。数学建模还需要学生综合运用数据分析、逻辑推理等多种技能，从而全面提升他们的数学素养。

2. 实用性

在现实生活中，数学问题无处不在，而数学建模正是将这些实际问题转化为数学问题并进行求解的有效工具。通过参与这类活动，学生能够更加直观地感受到数学在解决实际问题中的重要作用，从而增强他们学习数学的兴趣和动力。这也有助于学生更好地理解数学与现实世界的联系，提升他们的数学应用意识和能力。

3. 创新性

在数学建模过程中，学生需要发挥创新思维，根据问题的特点构建合适的数学模型。这不仅要求学生具备扎实的数学基础，还需要他们具备敏锐的洞察力和丰富的想象力。通过不断的尝试和探索，学生能够逐渐培养出独特的创新思维和实践能力，为未来的学习和工作打下坚实的基础。

4. 挑战性

由于这类活动通常涉及较为复杂的实际问题，因此学生在解决问题的过程中往往会遇到各种困难和挑战。然而，正是这些挑战激发了学生的学习热情和求知欲，促使他们不断超越自我、追求卓越。在这个过程中，学生不仅能够提升自己的数学素养和解决问题的能力，还能够培养出坚韧不拔的意志和勇往直前的精神。

（二）数学建模与解决实际问题活动案例设计

"小小理财家：如何合理使用零花钱？"活动案例

欢迎各位踏入这个充满挑战与乐趣的数学建模世界！在现实生活中，我们每天都在与数字打交道，从购物计算价格到规划旅行路线，数学无处不在。但是，你是否想过，数学不仅是我们日常生活中的得力助手，更是我们解决复杂问题的强大工具？今天，我们聚集在这里，就是要通过数学建模这一活动，激发大家对数学的兴趣，培养大家运用数学知识解决实际问题的能力。我们将面对一系列现实生活中的问题，通过构建数学模型，找到最优解决方案。在这个过程中，大家将体验到数学的魅力，见证数学如何助力我们更好地理解世界，优化决策。无论你是数学小达人还是对数学感到迷茫的同学，都请积极参与，因为数学建模不仅仅是数学知识的运用，更是逻辑思维、创新能力的锻炼。让我们一起踏上这次数学建模之旅，挑战自我，探索未知，享受用智慧解决问题的乐趣吧！

一、活动主题

小小理财家：如何合理使用零花钱？

二、活动目标

（1）使学生理解数学在日常生活中的重要性，特别是在理财方面的应用。

（2）培养学生使用简单的数学模型解决实际问题的能力。

（3）增强学生的经济意识和规划能力。

三、活动对象

本校小学生。

四、活动准备

（1）学生需要准备纸笔进行计算。

（2）教师准备PPT，展示不同的商品价格和理财场景。

五、活动流程

1. 导入

通过一个短小的故事或视频，展示一个孩子如何使用零花钱买玩具，但最后发现没有足够的钱购买真正需要的东西，引发学生对合理使用零花钱的思考。

2. 新知探索

教师给出几种商品的价格（如玩具车30元，漫画书15元，零食5元等），并假设每个学生每周有20元零花钱。

提问：如果你只有20元，你会如何规划你的花费？

让学生分组讨论，并记录下他们的购买计划。

3. 实践操作

每个小组分享他们的购买计划，其他小组可以提出问题和建议。

教师引导学生思考：

如何在有限的预算内满足自己的需求？

是否有必要每次都花完所有的零花钱？

如何为未来可能出现的需求做准备？

让学生调整他们的计划，考虑到长期和短期的需求。

4. 数学建模

引入简单的数学建模概念，解释如何通过设立变量（如x代表玩具车，y代表漫画书等）和建立方程来表示购买计划。

以一个小组的计划为例，展示如何建立数学模型。

让学生尝试为他们自己的购买计划建立数学模型。

5. 总结反思

让学生分享他们在这节课上学到的东西。

教师总结理财的重要性和数学在理财中的应用。

布置家庭作业：让学生记录一周的零花钱使用情况并反思是否合理及如何

改进。

六、活动评价

小组讨论和分享的表现。

数学模型的建立和理解。

家庭作业的完成情况和反思深度。

七、活动总结

通过这个教学设计,学生不仅能够学习到如何使用数学来解决现实问题,还能够增强他们的经济意识和规划能力。这种跨学科的学习方式也有助于提高学生对数学的兴趣和实际应用能力。

第二节　实践活动中的学生表现评价标准制定

在制定小学数学实践活动的学生表现评价标准时，我们需要综合考虑课程标准、学生认知发展、教育心理学原理及实践活动目标，确保评价的科学性、全面性与客观性。评价涵盖知识技能的掌握、思维创新的激发、情感态度的培养、实践操作与问题解决的能力、想象与观察的敏锐度及交流与表达的流畅性。通过多维度、细致化的指标设计，我们旨在描绘出学生数学素养的绚丽图景，激发他们对数学学习的热爱，培养他们成为具备扎实数学基础、敏锐创新思维、积极情感态度与卓越实践能力的未来栋梁之材。

一、评价标准制定依据

制定小学数学实践活动中的学生表现评价标准，必须综合考虑课程标准与教学大纲的要求、学生认知发展水平的特点、教育心理学原理的指导及实践活动的目标与要求，以确保评价标准的科学性、全面性和客观性。

（一）课程标准与教学大纲

在小学数学的教学中，课程标准与教学大纲不仅是教学活动的"圣经"，更是教师教学和学生学习的重要参考。它们详尽地列出了学生在各个年级应当掌握的数学概念、技能和思维方式，为教师提供了一幅清晰的教学路线图。在制定学生表现评价标准时，我们首先要参考课程标准和教学大纲，确保我们的评价内容与教学目标紧密衔接。

如果课程标准中明确规定三年级学生需要熟练掌握两位数乘法，那么，在评价学生的数学实践活动中，我们就应当重点考查学生在乘法运算方面的准确性和速度。评价不仅仅是一个简单的打分过程，更是对学生是否达到课程标准的真实反映。

更进一步来讲，课程标准与教学大纲中的每一个知识点和技能都应该是我们制定评价标准的出发点和落脚点。我们需要深入研读这些文件，准确把握每一个教学目标的内涵和外延，从而制定出既科学又实用的评价标准。

（二）学生认知发展水平

小学生的认知发展是一个持续、渐进的过程。从直观的形象思维到抽象的逻辑思维，他们的思维方式在不断地发展和完善。因此，在制定评价标准时，我们必须充分考虑学生的认知特点和发展水平。

对于低年级的学生，他们的思维更偏向于直观和具体。因此，在评价他们的数学实践活动时，我们应当更多地关注他们对于具体数学问题的直观感知和解决方案。例如，在评价他们的图形认知时，我们可以设计一些需要直观判断和操作的实践活动，如拼图、分类等，来考察他们对于图形的基本认知和操作能力。

对于高年级的学生，他们的思维已经逐渐转向抽象和逻辑。这时，我们的评价标准就应当更加注重他们的逻辑推理能力和问题解决策略。例如，在评价他们的代数思维能力时，我们可以设计一些需要运用代数知识来解决的复杂问题，来考察他们的抽象思维能力和问题解决能力。

（三）教育心理学原理

教育心理学为我们提供了丰富的理论和实践指导，使得我们能够更加科学地制定学生表现评价标准。根据教育心理学的原理，学生的学习动机、学习态度和学习方法等因素都会对学习效果产生深远影响。

在制定评价标准时，我们应当充分考虑这些因素，以确保评价的全面性和客观性。例如，对于学习态度积极但成绩暂时落后的学生，我们的评价标准不应当仅仅局限于他们的学习成绩，还应当充分肯定他们的学习态度和努力，激发他们的学习兴趣和动力，让学生更愿意探索数学世界。

更进一步来讲，教育心理学还告诉我们，每个学生都是独一无二的个体，他们有着不同的学习方式和节奏。因此，在制定评价标准时，我们还应当注重个性化的评价，尊重每一个学生的学习差异和特点。

（四）实践活动目标与要求

小学数学实践活动是培养学生数学素养和综合能力的重要途径。因此，在制定学生表现评价标准时，我们必须明确实践活动的目标和要求，确保评价内容与活动目标紧密相连。

我们可以根据实践活动的目标和要求设计出相应的评价指标和评价方法。例如，如果实践活动的目标是培养学生的问题解决能力，那么，在评价学生的表现时，我们就应当重点关注他们的问题分析、解决方案的制定和实施等方面的能力。

实践活动还要求学生具备一定的团队合作精神和创新思维能力，因此，在制定评价标准时，我们还应当注重考查学生与团队成员的合作情况、创新思维和创新能力等方面的表现。

二、表现评价标准的指标

在小学数学实践活动的广阔天地中，我们以多个维度细腻地描绘学生的表现：从知识与技能的扎实程度，到思维与创新的灵动之光；从情感态度与价值观的深厚底蕴，到实践操作与问题解决的实际能力；更有想象与观察的翅膀及交流与表达的桥梁。这些丰富多彩的指标，宛如缤纷的调色板，共同勾勒出学生数学素养的绚丽图景。

（一）指标维度一：知识与技能

知识与技能评价标准如表10所示。

表10　知识与技能评价标准

总指标	细分指标	描述与说明
数学知识的掌握（学生对于数学课程中涉及的基础概念、定理、公式等核心知识的理解和记忆程度）	基础概念的理解程度	学生能否准确解释数学中的基本概念，如整数、小数、分数、比例等并对这些概念之间的关系有清晰的认识
	数学原理的应用能力	学生能否根据所学的数学原理解决实际问题，如利用勾股定理计算直角三角形的边长，或使用面积公式计算几何图形的面积等
	数学方法的掌握和运用	学生能否熟练掌握并运用各种数学方法，如代数法、几何法、数理逻辑法等解决数学问题

续表

总指标	细分指标	描述与说明
计算技能的准确性（学生在进行数学计算时的准确性和速度，包括基本算术运算和复杂计算）	基本算术运算的准确性	学生在进行加、减、乘、除等基本算术运算时，能否保证计算的准确性和效率
	复杂计算的步骤和结果正确性	对于涉及多个步骤和运算的复杂计算问题，学生能否按照正确的步骤进行计算，并得出正确的结果
	在实际问题中应用计算技能的能力	学生能否将所学的计算技能应用到实际生活中去，如购物时计算总价、制作预算等

（二）指标维度二：思维与创新

思维与创新评价标准如表11所示。

表11 思维与创新评价标准

总指标	细分指标	描述与说明
逻辑思维能力（学生在解决数学问题时所展现出的逻辑推理和分析能力）	问题的逻辑分析和推理能力	学生能否对数学问题进行深入的逻辑分析和推理，从而找到解决问题的关键点和突破口
	从已知条件推导结论的能力	学生能否根据已知条件，通过逻辑推理和演绎，得出正确的结论或答案
	运用归纳和演绎思维解决问题的能力	学生能否熟练运用归纳和演绎两种思维方式，对数学问题进行分析和解决
创新思维（学生在解决数学问题时所展现出的创新意识和创造性思维能力）	提出非传统解决方案的能力	学生能否打破传统思维模式，提出新颖、独特的解决方案来解决数学问题
	在解决问题中展现的独创性思维	学生在解决数学问题时，能否展现出独立思考和创造性解决问题的能力
	对现有问题的新视角和思考方式	学生能否以全新的视角和思考方式来审视和解决现有的数学问题，从而发现新的解题方法和思路

（三）指标维度三：情感态度与价值观

情感态度与价值观评价标准如表12所示。

表12　情感态度与价值观评价标准

总指标	细分指标	描述与说明
情感态度 （情感态度评价维度主要衡量学生对学习的热情和兴趣及面对挑战时的坚持与毅力，体现其积极的学习态度和合作精神。它也关注学生的自主性和责任感，反映其对学习任务的投入和承诺）	对数学学习的兴趣和热情	学生对数学学习是否持有积极的态度，是否对探索数学知识和解决数学问题有强烈的兴趣和热情。这种兴趣和热情可以促使学生主动学习、深入思考，是学生数学学习持续进步的重要动力
	面对挑战时的坚持和毅力	当遇到难以解决的数学问题时，学生是否能够坚持不懈，以毅力和决心去攻克难关。这种品质对于数学学习尤为重要，因为数学学习中经常会遇到复杂和抽象的问题，需要学生有足够的耐心和坚持去逐一解决
	自主学习的积极性和能力	学生是否具备自主学习的意识和能力，能否在课后主动查找资料、自我巩固和提升。自主学习是数学学习的重要组成部分，也是学生未来持续学习和发展的基础
价值观 （价值观评价维度主要评估学生对学习、个人成长及社会责任的认知与态度及其在面对选择时是否能够坚守诚信、公正等核心价值观念）	在团队中扮演的角色和贡献	在小组合作或集体活动中，学生是否能够承担起自己的角色，为团队的共同目标做出贡献。这体现了学生的团队合作精神和责任感
	与团队成员的沟通和协调能力	学生能否与团队成员进行有效的沟通和协调，共同解决数学问题或完成数学任务。这是团队合作中不可或缺的能力，也是学生未来社会交往和职业发展中的重要技能
	对团队目标的认同和支持	学生是否认同团队的目标，并愿意为之付出努力。这种认同感可以增强学生的团队凝聚力和向心力，促使团队成员共同努力、共同进步

（四）指标维度四：实践操作与问题解决

实践操作与问题解决评价标准如表13所示。

表13　实践操作与问题解决评价标准

总指标	细分指标	描述与说明
实践操作（实践操作评价维度主要衡量学生将理论知识转化为实际操作的能力及其在实验、测量和模型制作等实践环节中的准确性和熟练度）	使用数学工具和仪器的熟练度	学生能否熟练使用各种数学工具和仪器，如计算器、直尺、圆规等，以辅助数学学习和实践操作。这种熟练度可以提高学生的实践能力和解决问题的效率
	进行实验和测量的准确性	在进行数学实验和测量时，学生能否保证操作的准确性和精确性。这是实践操作的基本要求，也是科学研究的重要素养
	制作数学模型和图示的能力	学生能否根据数学问题和实际需求制作出合适的数学模型和图示。这种能力可以帮助学生更好地理解和解决数学问题，同时也是数学应用和创新的重要基础
问题解决（问题解决评价维度主要评估学生面对问题时策略选择的合理性与有效性及其在解决问题过程中展现出的分析、推理和调整优化方法的能力）	面对问题时的策略选择和制定	当遇到数学问题时，学生能否迅速选择合适的解题策略，并制定出有效的解题步骤。这是问题解决能力的重要组成部分，也是学生灵活应用数学知识的基础
	解决问题的步骤和方法的有效性	学生所采用的解题步骤和方法是否具有针对性和实效性，能否有效地解决问题。这是评价学生问题解决能力的重要指标，也是数学教学的重要目标之一
	在实践中调整和优化策略的能力	当解题策略或方法在实践中遇到障碍时，学生能否及时调整和优化策略，以适应问题的变化。这种能力体现了学生的灵活性和适应性，也是未来职业发展和社会适应的重要素养

（五）指标维度五：想象与观察

想象与观察评价标准如表14所示。

表14 想象与观察评价标准

总指标	细分指标	描述与说明
想象 （想象力评价维度主要衡量学生构建和操控心理图像的能力及其在没有实体参照的情况下理解和分析问题的能力，反映其空间想象力和创造性思维的水平）	构建和操控几何图形的心理图像能力	学生能否在脑海中构建几何图形的三维图像，并对其进行旋转、缩放等操作，以便更好地理解和解决几何问题。这种能力是空间想象力的基础，有助于学生形成直观的数学理解
	在没有实体模型的情况下，理解和分析三维空间问题的能力	学生能否仅凭文字或图纸描述就在脑海中建立起三维空间的模型并对其进行准确的分析。这种能力在处理复杂的空间几何问题时尤为重要
	通过想象预测图形变换的结果	学生能否通过想象预测图形经过旋转、平移、翻转等变换后的结果。这种能力有助于学生更好地理解和掌握图形的性质和变化规律
观察 （观察力评价维度主要评估学生对细节的捕捉能力及其在复杂情境中洞察规律和模式的能力，这体现了学生对信息的敏感度和分析能力）	准确捕捉数学问题或图形中的关键信息和细节	学生能否从数学问题或图形中准确快速地捕捉到关键信息和细节。这是解决数学问题的第一步，也是避免误解和错误的重要步骤
	在复杂图形或数据中发现规律和模式的能力	学生能否在复杂的图形或数据中，通过细致观察发现隐藏的规律和模式。这种能力是解决复杂数学问题和进行科学研究的关键
	对数学现象进行仔细观察并准确记录的能力	学生能否对数学现象进行仔细观察，并准确记录观察结果。这种能力是进行科学实验和研究的基础，也是培养严谨的科学态度的关键

（六）指标维度六：交流与表达

交流与表达评价标准如表15所示。

表15 交流与表达评价标准

总指标	细分指标	描述与说明
交流 （交流评价维度主要考察学生的沟通表达能力，包括其使用语言的准确性、清晰度和逻辑性及与他人进行有效沟通和信息交换的能力）	使用数学术语的准确性和专业性	学生能否准确使用数学术语，以专业的方式进行表达。这是数学交流和表达的基础，有助于确保信息的准确传递和理解
	解释数学概念和问题的清晰度	学生能否清晰、明确地解释数学概念和问题。这种能力可以帮助学生更好地理解数学知识，同时也有助于他们向他人传授数学知识
	书面和口头表达的流畅性和逻辑性	学生能否以流畅、符合逻辑的方式表达数学思想和解决问题的方法
表达 （表达评价维度主要评估学生能否准确、流畅地用语言或文字阐述观点和思想及其在表达过程中的条理性和逻辑性，反映学生的语言组织和传递信息的能力）	展示实践成果的能力和组织性	学生能否有条理地展示自己的数学实践成果，包括解题过程、模型制作等
	与他人交流思想和方法的技巧	学生能否有效地与他人交流自己的数学思想和方法及从他人那里获取新的数学思想和方法
	接受和回应他人建议和批评的开放性	学生能否以开放的心态接受和回应他人的建议和批评，以便更好地改进自己的数学学习和表达

第三节 教师指导与家长参与方式探讨

在小学数学实践活动中，教师通过启发式教学激发学生的探索欲，根据学生个性进行有针对性的指导，并组织学生合作学习，即时给予反馈评估；家长也积极参与，与孩子进行家庭数学活动，监督辅导其学习，并与教师保持密切沟通，共同为孩子创造良好的学习环境。教师指导与家长参与的双重模式，能够全方位地支持学生的数学学习，不仅能增强学生对数学的兴趣和实际应用能力，还能有效地提升他们的独立思考和问题解决能力，为培养数学素养奠定坚实基础。

一、教师指导方式

在小学数学实践活动中，启发式教学点燃学生的探索之火，个性化指导雕琢每位学子的独特才能，合作学习铸就团队精神，即时反馈与评估则是指引前行的明灯，这四者交织成一幅教育的美丽画卷，共同引领学生遨游在知识的海洋中，不断挑战自我，实现数学思维与能力的深度发展。

（一）启发式教学

在小学数学实践活动中，启发式教学的应用显得尤为关键。这种教学方式的核心在于通过提问来激发学生的好奇心和探索欲望，从而引导他们自主发现问题，尝试独立解决问题，并鼓励他们对已知信息进行批判性思考，进一步培养创新思维。

在小学数学课堂上，教师可以通过设计富有挑战性和趣味性的问题来引起学生的兴趣。例如，在进行面积计算的实践活动中，教师可以提问："如果我们有一个形状不规则的池塘，如何计算它的面积呢？"这样的问题既能引发学生的好奇心，也能促使他们主动去思考解决问题的方法。

引导学生自主发现问题并尝试解决问题是启发式教学的关键环节。在小学数学实践活动中，教师应该给予学生足够的自由度和空间，让他们自己探索问题，发现问题，进而解决问题。例如，在探索几何图形的性质时，教师可以提供一些图形素材，让学生自己通过观察和实验发现图形之间的规律和关系，从而培养他们的自主探索能力。

鼓励学生对已知信息进行批判性思考，培养创新思维，是启发式教学的最终目的。在小学数学实践活动中，教师应该鼓励学生不满足已有的知识和结论，要敢于对已知信息进行质疑和批判，从而培养他们的创新思维。例如，在解决数学问题时，教师可以引导学生从不同的角度去思考和解决问题，激发他们的创新思维和求异思维。

案例

测量不规则图形面积

在一次小学数学课外实践活动中，教师带领学生们来到学校的操场上，准备通过实践活动来学习如何测量不规则图形的面积。

教师拿出一个形状不规则的花坛图纸，对学生们说："同学们，我们今天要测量这个不规则花坛的面积。但在此之前，我想问问大家，如果给你们一个规则的长方形或正方形，你们会怎样计算面积呢？"

小明举手回答："老师，长方形的面积是长乘以宽。"

教师点头："很好，小明。那么对于这个不规则的花坛，我们如何用类似的方法来计算面积呢？"

小华思考片刻后说："我们可以把它分成几个小块，然后分别计算每个小块的面积，最后加起来。"

教师微笑道："小华的想法很有创意。这其实是一种'分割法'。那么，我们怎么分割这个花坛，并且确保每个小块的面积都能被准确计算出来呢？"

小丽提议："我们可以用方格纸来覆盖花坛，然后数方格的数量。"

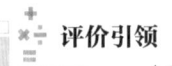

教师说："小丽的方法也很实用，这其实是用'方格法'来计算面积。现在，我们就按照小华和小丽的方法实际操作一下，看看这两种方法得出的面积是否相近。"

学生们分成两组，一组使用分割法，一组使用方格法，开始了他们的测量工作。

测量结束后，两组学生都得到了自己的结果。教师让他们分享自己的测量过程和结果，并引导他们思考哪种方法更为精确及在什么情况下使用哪种方法更为合适。

通过这次实践活动，学生们不仅学会了如何测量不规则图形的面积，还培养了他们的动手能力和团队协作精神。教师的启发式指导让学生们在实际操作中发现问题、解决问题，从而更深刻地理解了面积的概念和计算方法。

启发式的教学方式不仅激发了学生们的学习兴趣，还培养了他们的创新思维和解决问题的能力，为他们的成长打下了坚实的基础。

（二）个性化指导

在小学数学实践活动中，个性化指导是提升学生学习效果的关键。每个学生的学习特点和能力水平都不尽相同，因此，教师需要根据学生的个体差异进行个性化教学，为他们提供适合其学习风格的数学实践活动，并及时调整教学策略，以满足不同学生的需求。

个性化指导的前提是深入了解每个学生的学习特点和能力水平。教师可以通过观察学生的学习表现、作业完成情况及与学生的沟通交流来全面了解学生的学习状态和需求。例如，有些学生可能善于逻辑思维，对数字和图形有敏锐的洞察力；有些学生则可能更善于通过直观感受来学习，对实际操作和实验更感兴趣。因此，教师需要针对不同类型的学生制订不同的教学计划和活动安排。

为学生提供适合其学习风格的数学实践活动是个性化指导的核心。对于逻辑思维强的学生，教师可以设计一些富有挑战性的数学问题，引导他们通过推理和演绎来解决问题；对于善于直观感受的学生，教师可以安排一些实验和操作性的活动，让他们通过亲身实践来理解和掌握数学知识。实践活动不仅能够激发学生的学习兴趣，还能最大限度地发挥他们的学习潜能。

及时调整教学策略是个性化指导的重要环节。在教学过程中，教师需要根据学生的学习反馈和表现灵活调整教学策略和活动安排。例如，当发现某些学生在某个知识点上存在困难时，教师可以采用更加直观和生动的教学方式来帮助他们理解和掌握；当某些学生表现出对某个话题的浓厚兴趣时，教师可以趁机引导他们进行更深入的探索和研究。

案例

认识人民币

在一次小学数学实践活动中，教师为了让学生们更直观地理解人民币的面值和日常交易，设计了一个模拟市场的实践活动。每个学生都将担任买家或卖家，通过实际的"买卖"来加深对人民币的认识。

活动开始前，教师先向学生们简要介绍了不同面值的人民币，并展示了真实的纸币和硬币。然后，教师将学生们分成两组，一组担任卖家，一组担任买家，并给每个学生分配了一定数量的人民币（模拟纸币）。

小明是卖家之一，他负责出售文具。教师走到小明的摊位前，拿起一支铅笔问："这支铅笔多少钱？"

小明回答："5角。"

教师故意拿出一张1元纸币问："我只带了这个，可以买吗？"

小明想了想，说："可以找您5角。"

教师点头称赞，并转向其他学生说："大家看到了吗？小明不仅知道商品的价格，还能正确地进行找零。这就是认识人民币的重要性。"

接着，轮到小华作为买家。她走到另一个摊位前，看中了一个笔记本，价格是3元5角。她手里有2张1元、1张5元和1张10元的纸币。她犹豫了一下，然后拿出5元纸币递给卖家。

教师注意到这一幕，走过去问："小华，你为什么选择用5元来支付呢？"

小华回答："因为这个笔记本是3元5角，我如果用10元的话，找零会很

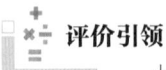

多,而用5元就比较方便。"

教师鼓掌称赞:"非常好!小华不仅理解了人民币的面值,还能在实际购物中灵活运用,选择最合适的支付方式。"

活动结束后,教师组织学生们进行反思和总结。她问:"通过这次活动,你们对人民币有了哪些新的认识?"

学生们纷纷发言,有的表示现在更能理解不同面值人民币的实际购买力,有的则表示学会了如何在实际购物中合理使用不同面值的人民币。

通过这次个性化的实践活动指导,学生们不仅更加直观地认识了人民币的面值和购买力,还学会了如何在实际生活中合理使用人民币。教师的个性化指导方式让学生们在实际操作中发现问题、解决问题,从而更深刻地理解了数学与生活的紧密联系。

(三)合作学习组织

在小学数学实践活动中,合作学习是一种至关重要的教学方式。通过合作学习,学生能够相互启发、互相帮助,从而提高学习效果和团队合作能力。因此,教师需要精心组织学生进行小组合作学习,并设定明确的小组目标和角色分工,以提高合作效率。教师还需要监督小组合作过程,确保每个学生都能积极参与。

在组织小组合作学习时,教师需要充分考虑学生的特点和需求。每个小组的成员应该具有不同的能力和背景,以便能够互相学习和交流。教师需要为每个小组设定明确的目标和任务,确保每个学生都明确自己的责任和任务。例如,在学习面积和周长的计算时,教师可以让小组成员分别负责测量、记录和计算,通过合作完成任务。

为了提高合作效率,教师需要设定明确的角色分工。每个学生都应该有自己的职责和任务,以便更好地发挥自己的特长和优势。例如,在进行数据统计的实践活动中,教师可以指定一个学生负责收集和整理数据,另一个学生负责分析和解释数据,还有一个学生负责撰写报告和展示成果。通过合理的角色分工,可以确保每个学生都有机会发挥自己的才能,同时也能培养他们的团队合作精神和责任感。

在小组合作学习的过程中，教师需要时刻监督学生的合作情况，确保每个学生都能积极参与。教师可以通过观察和记录学生的表现了解他们的学习情况和问题，并及时给予指导和帮助。例如，在解决数学问题的实践活动中，教师可以观察每个小组的讨论和交流情况，了解他们的解题思路和方法，并给予适当的引导和建议。教师还可以鼓励学生在小组内部分享自己的学习经验和思路，以便更好地互相学习和启发。

在小学数学实践活动中，合作学习的应用不仅能够提高学生的学习效果和团队合作能力，还能培养他们的沟通能力和解决问题的能力。因此，教师需要积极探索和实施合作学习的教学方式，为学生的成长发展提供有力支持。

案例

位置与方向

在学校的数学实践活动中，为了让学生们更直观地理解"位置与方向"的概念，培养他们的空间感和团队协作能力，教师设计了一个以校园为场景的寻宝游戏。

教师首先将学生们分成几个小组，每组4~5人，并给每组分发一张校园地图和一些提示卡片。地图上标注了各种地标，如图书馆、操场、科学实验室等，提示卡片上写有指向宝藏位置的线索，这些线索涉及方向、距离和地标之间的关系。

活动开始前，教师详细解释了地图上的符号和比例尺，并指导学生们如何使用指南针确定方向。接着，教师公布了游戏规则：每个小组需要根据线索依次找到地图上标注的地点，并在每个地点找到下一条线索，直到找到最终的宝藏。

在游戏过程中，教师不断巡回指导，解答学生们在确定方向和位置时遇到的问题。例如，当某个小组在图书馆附近迷失方向时，教师会引导他们观察地图上的标记，结合指南针确定下一个目标的位置。

教师也鼓励学生之间进行合作与讨论。当某个小组在判断距离上出现分歧时，教师会引导他们通过实地测量或利用地图上的比例尺来达成一致。

随着游戏的进行，学生们逐渐熟悉了如何根据地图和方向指示找到目标位置。当他们最终找到宝藏时，不仅收获了成功的喜悦，也深刻理解了位置与方向的重要性。

通过这次合作学习指导案例，学生们不仅在游戏中学到了"位置与方向"的数学知识，还锻炼了团队协作、问题解决和地图阅读等综合能力。教师的巧妙设计和适时指导确保了活动的顺利进行，也让学生们在轻松愉快的氛围中收获了宝贵的学习经验。

（四）即时反馈与评估

在小学数学实践活动中，即时反馈与评估对于提升学生的学习效果至关重要。教师对学生的实践活动给予即时反馈，能够帮助学生了解自己的优点和不足，从而更好地调整学习策略。定期评估学生的学习进度和成果则有助于教师调整教学计划，以更好地满足学生的学习需求。鼓励学生进行自我评价和反思也是提升其自主学习能力的重要环节。

在实践活动中，教师应关注每个学生的参与情况和表现，对学生的实践活动给予即时反馈。例如，在解决数学问题的实践活动中，教师可以根据学生的解题思路、方法和答案给予具体的反馈和指导。对于表现优秀的学生，教师应及时表扬和鼓励，激发他们的学习热情；对于存在问题的学生，教师应指出他们的不足，并提供具体的改进建议，帮助他们更好地掌握数学知识。

除了即时反馈，教师还需要定期评估学生的学习进度和成果。通过评估，教师可以了解学生的学习状况，发现他们的学习难点和问题，从而调整教学计划，提供更有针对性的教学。例如，在学习面积和周长的计算时，教师可以通过测验或布置作业的方式评估学生对知识的掌握情况。如果发现学生在某个知识点上普遍存在问题，教师可以在后续的教学中加强对该知识点的讲解和练习。

鼓励学生进行自我评价和反思也是非常重要的。通过自我评价，学生可以更好地认识自己的学习状况和问题，从而调整学习策略；通过反思，学生可以总结自己的学习经验和教训，为未来的学习提供参考。例如，在完成一项数学实践活动后，教师可以引导学生回顾自己的解题过程，思考自己在解题中的优点和不足及如何进行改进和提高。

案例

图形的变换

在《图形的变换》教学单元中，为了让学生们更直观地理解图形的平移、旋转等基本概念，教师设计了一个"动手做图形变换"的实践活动。

1. 活动开始

教师："同学们，今天我们来进行一个有趣的图形变换实践活动。请大家拿出准备好的卡片和剪刀，我们先来制作一个简单的图形——一个正方形。"

（学生们开始动手制作正方形卡片）

2. 平移变换实践

教师："现在，请大家将手中的正方形向右平移5厘米。平移完的同学请举手。"

（学生们开始平移手中的卡片，陆续有学生举手表示完成）

教师走到一个学生面前，看着他的卡片说："小明，你做得很好，确实是将卡片向右平移了5厘米。大家看看，这就是平移的效果，图形在平面内沿着一个方向移动了一定的距离，但图形本身没有变化。"

3. 旋转变换实践

教师："接下来，请大家将手中的正方形顺时针旋转90度。旋转完的同学请举手。"

（学生们开始尝试旋转卡片）

教师注意到一个学生在旋转时有些困惑，于是走过去指导："小红，你看，可以先确定一个顶点作为旋转中心，然后按照这个中心顺时针旋转90度。对，就是这样，你做得很好！"

4. 活动反馈与总结

在活动结束后，教师组织学生进行反馈和总结。

教师："通过今天的实践活动，大家亲身体验了图形的平移和旋转变换。我看到大多数同学都能准确地完成变换操作，但也有部分同学在旋转时遇到了一些困难。这没关系，重要的是我们从中学习到了什么。请大家回顾一下，在平移和旋转的过程中，图形本身有没有发生变化？"

学生："没有！"

教师："很好！那么这些变换是如何影响图形在平面上的位置的呢？"

（学生们纷纷发言，分享自己的观察和体验）

教师："大家的观察都很仔细。记住，平移是图形在平面内沿着一个方向移动，而旋转则是图形绕着某一点做圆周运动。这两种变换都不会改变图形的大小和形状，只会改变图形在平面上的位置或方向。大家的实践操作能力都很棒，希望同学们能将这些知识应用到日常生活中去。"

在这个实践活动中，教师通过及时的评估反馈不仅纠正了学生在操作过程中的错误，还加深了学生对图形变换概念的理解。教师的指导作用体现在对学生操作的细致观察和有针对性的指导上，帮助学生更好地掌握图形变换的基础知识。

二、家长参与方式

家长应携手孩子徜徉于数学的海洋，以游戏激发其对数学的热爱，悉心督导学业，与教师共话成长之路，缔造宁静致远的学习环境，并扶持他们独立思考、勇往直前，让孩子在数学的旅程中绽放智慧的火花，书写青春的华章。

（一）家庭数学活动

家庭是孩子的第一个课堂，而数学不仅仅是教科书上的公式和定理，它更是生活的一部分。在家庭数学活动中，家长与孩子一起参与，不仅能够增强孩子对数学的兴趣，还能加强亲子关系，培养孩子的思维能力和解决实际问题的能力。

家长可以与孩子一起设计和参与各种有趣的数学游戏。例如，可以制作数字卡片，玩数字匹配游戏，或者利用扑克牌进行简单的算术游戏。这样的游戏既能让孩子在游戏中快乐地学习到数学知识，又能锻炼孩子的反应能力和思维敏捷性。

利用日常生活中的事物进行数学教学也是一个极好的方法。例如，在超市里，可以让孩子帮忙计算购买商品的总价，或者让孩子比较不同品牌、不同规格商品的价格，从而选择性价比最高的产品。这样，孩子不仅学习了数学，还学会了如何在实际生活中运用数学。

逻辑推理也是数学学习中不可或缺的一部分。家长可以设计一些逻辑推理练习题，或者利用一些经典的逻辑推理游戏，如数独、逻辑谜题等，来锻炼孩子的逻辑思维能力。这样的活动不仅能提高孩子的数学素养，还能培养孩子的耐心和专注力。更重要的是，家长要鼓励孩子在家中运用数学知识解决实际问题。例如，家里的装修预算、假期的行程规划、时间的合理安排等，都可以让孩子参与进来，让孩子运用所学的数学知识来解决实际问题。这样，孩子不仅能感受到数学的实用性，还能提高自主生活能力。

通过丰富多彩的家庭数学活动，孩子们可以在轻松愉快的氛围中学习数学，提高他们的数学素养，同时也为他们的未来发展打下坚实的基础。

案例

家庭趣味数学游戏——数学宝藏岛探秘

1. 游戏背景

在一个神秘的数学岛上，隐藏着无数的数学宝藏。家长和孩子需要一起合作，解答各种数学问题，寻找宝藏，挑战数学宝藏岛！

2. 所需材料

一套数学题目卡（可以自己制作，包括加减乘除、分数、几何等小学数学知识点）。

宝藏地图（可以是一个简单的室内地图，上面标有数字或数学题目作为线索）。

一些小奖品如糖果作为宝藏。

3. 游戏流程

（1）准备阶段。

家长先准备好数学题目卡和宝藏地图。

在家中的某个角落藏好小奖品。

在宝藏地图上标记出宝藏的位置，但位置需要通过解答数学题目来揭秘。

（2）游戏开始。

家长和孩子一起从起点出发，手持宝藏地图。

地图上会标记出不同的区域，每个区域都有一个数学题需要解答。

家长负责读题，孩子负责解答。如果答对，家长就给出下一个区域的线索；如果答错，家长可以给予适当的提示，直到孩子答对为止。

（3）寻找宝藏。

当孩子解答完所有的数学题后，地图上会显示出宝藏的准确位置。

家长和孩子一起前往该位置，挖掘出隐藏的宝藏！

（4）结束与奖励。

孩子找到宝藏后，家长可以给予孩子适当的奖励和鼓励，如一起吃掉找到的糖果，或者进行其他的小奖励活动。

4. 反馈与总结

游戏结束后，家长可以和孩子一起回顾游戏中遇到的数学题，巩固学习成果。

家长可以询问孩子在游戏中的感受及他们在解答数学题时遇到的困难，以便后续进行有针对性的辅导。

这个游戏不仅可以锻炼孩子的数学思维能力，还可以增强家长和孩子之间的互动与沟通。通过游戏的方式，让孩子在轻松愉快的氛围中学习数学，提高他们的学习兴趣和积极性。

（二）监督与辅导

在孩子的学习过程中，家长的监督和辅导是不可或缺的。对于数学学科来说，这一点尤为重要。监督孩子完成数学作业和实践活动，确保其学习质量，是每位家长应尽的责任。

家长要密切关注孩子的数学学习情况。家长应该定期检查孩子的作业，了解孩子在课堂上的学习情况及其在完成作业过程中遇到的困难。通过与孩子交流，家长可以及时发现孩子在学习上的问题和不足，从而有针对性地提供帮助。

当孩子遇到数学难题时，家长要给予适当的辅导。这并不是说家长要直接告诉孩子答案，而是要引导孩子思考问题，帮助孩子建立正确的解题思路。家长可以通过提问的方式激发孩子的思考，让孩子自己发现问题的答案。这样，孩子不仅能解决当前的问题，还能学会独立思考和提升解决问题的能力。

与孩子一起复习数学知识也是非常重要的。家长可以帮助孩子整理学习笔记，归纳重点知识，加深孩子对数学概念的理解。在复习过程中，家长还可以结合一些实际例子，让孩子更好地应用数学知识。

除了直接辅导孩子的数学学习，家长还可以通过其他方式来提高孩子的学习兴趣和学习效果。例如，可以为孩子提供一些优质的数学学习资源，如数学绘本、数学游戏等，让孩子在轻松愉快的氛围中学习数学。

⟨案例⟩

家中的数学探险

1. 案例背景

为了加强孩子的数学实践能力，并培养其对数学的兴趣，我决定利用周末时间开展一次家庭数学实践活动。我们选择的活动是"家中的数学探险"，旨在通过实际测量和计算，让孩子更直观地理解数学概念。

2. 案例内容

在活动之初，我简要地为孩子介绍了测量的基本方法和即将涉及的一些数学概念，如面积、体积等。孩子对此表示出浓厚的兴趣，迫不及待地想要开始。

我们首先选择了客厅的茶几作为第一个测量对象。孩子拿着卷尺，兴致勃勃地开始了测量。但在测量过程中，他遇到了第一个问题——卷尺的刻度读取。由于之前对卷尺的使用并不熟悉，他在读取数据时显得有些吃力。我耐心地指导他如何正确读取数据，并让他多次练习，直到他熟练掌握。

接着，我们开始计算茶几的面积。这时，孩子又遇到了问题——如何进行乘法运算，特别是涉及小数的时候。他显得有些困惑和沮丧。我安慰他，并引导他使用计算器进行辅助计算。我也借此机会教他如何进行小数乘法运算，让他逐渐掌握这一技能。

在计算茶几的体积时，问题变得更为复杂。孩子需要理解三维空间的概念，并进行相应的乘法运算。他对此感到非常困惑，甚至有些不耐烦。我耐心地解释，通过画图和举例的方式帮助他理解。但在这个过程中，由于我的反复解释和孩子的情绪逐渐恶劣，我们之间发生了一些小冲突。他认为我太啰唆，而我则认为他没有认真听讲。好在我们都及时调整了情绪，重新投入到活动中。

在整个活动过程中，我们还测量了其他家具，如沙发、电视柜等，并进行了相应的计算。孩子逐渐掌握了测量的技巧，也对数学概念有了更深入的理解。

3. 遇到的问题及解决方式

（1）卷尺刻度读取问题：孩子初次使用卷尺，对刻度不熟悉。通过多次练习和家长的指导，孩子逐渐掌握了读取技巧。

（2）小数乘法运算问题：在计算面积时，孩子遇到了小数乘法运算的困难。家长引导孩子使用计算器辅助计算，并教他计算小数乘法的方法。

（3）三维空间概念理解问题：在计算体积时，孩子对三维空间的概念感到困惑。家长通过画图和举例的方式帮助孩子理解，并引导他进行实际操作，加深理解。

（4）亲子冲突问题：在活动过程中，由于家长的反复解释和孩子的情绪问题，双方发生了一些小冲突。但双方都及时调整了情绪，通过沟通和理解解决了问题。

4. 家长指导表现与反思

在整个实践活动中，我始终保持着耐心和热情，积极引导孩子进行思考和操作。尽管在这一过程中遇到了一些问题和冲突，但我始终相信这些经历对孩子来说是有益的。通过这次活动，孩子不仅提高了数学实践能力，还学会了如何面对问题和挑战。

然而，我也意识到自己在活动准备和指导方面还有改进的空间。未来，我会更加注重活动的准备工作和孩子的情感体验，努力创造一个更加愉快和有效的学习环境。

总的来说，这次数学实践活动是一次宝贵的亲子共学经历。我相信这次的经历将对孩子未来的学习和成长产生积极的影响。

对于一些家长而言，亦可采用监督辅导记录表（见表16）的方式来记录孩子的成长。

表16 家长监督辅导记录表格（简单版）

日期	作业内容	完成情况	辅导情况	备注
XXXX年XX月XX日	练习册第X页	已完成	家长已辅导检查	孩子对第X题有疑惑，已解答。
XXXX年XX月XX日	试卷一张	已完成	家长已辅导检查	成绩有明显提升，继续努力。
XXXX年XX月XX日	口算练习	未完成	未辅导	孩子表示累了，明天继续。
XXXX年XX月XX日	应用题练习	已完成	家长已辅导检查	第X题思路不清晰，已详细讲解。
XXXX年XX月XX日	复习上周知识	已完成	家长陪同复习	掌握了上周的知识点，表现良好。

说明：

（1）日期：记录孩子做作业的日期。

（2）作业内容：简要描述当天的数学作业内容，如练习册的页码、试卷、口算练习等。

（3）完成情况：记录孩子是否完成了当天的数学作业。

（4）辅导情况：

未辅导：家长当天没有对孩子进行数学作业的辅导。

家长已辅导检查：家长已经辅导孩子并检查了孩子的作业。

需要额外帮助：表示孩子在某些题目上遇到困难，需要更多的帮助。

备注：记录当天的特殊情况、孩子的进步、遇到的问题或家长的观察等。

这个表格可以帮助家长更好地跟踪和记录孩子的数学作业完成情况及家长在辅导过程中的参与情况。通过这样的记录，家长可以更容易地发现孩子在学习上的进步和困难，从而提供有针对性的辅导和支持。

（三）沟通与反馈

在孩子的实践活动学习旅程中，家长与教师之间的沟通与反馈机制显得尤为关键，特别是在数学学习方面。数学，作为一门需要逻辑思维和持续练习的学科，其学习成效往往受到多方面因素的影响。因此，家长与教师的紧密合作，可以为孩子搭建一个更加全面、有针对性的学习支持体系。

定期与教师沟通是不可或缺的，这种沟通不应仅仅局限于成绩单上的数字，还应深入到孩子的学习态度、方法及可能存在的问题。家长可以通过与教师的交流更准确地了解孩子在数学学习上的具体表现和进步情况。例如，孩子是否积极参与课堂讨论？在解决数学问题时是否展现出足够的逻辑思维？在哪些方面有所提高，又在哪些方面还存在不足？

向教师反馈孩子在家中的学习情况和遇到的问题也是十分重要的。家庭是孩子学习的另一个重要场所，家长在日常生活中观察到的孩子的学习习惯、态度及遇到的困难，都能为教师提供更全面的教学参考。例如，孩子在家中完成作业的效率如何？孩子是否对某些数学概念存在误解？在解决实际问题时，孩子是否能够灵活运用所学的数学知识？这些信息对于教师调整教学策略、更好地指导孩子具有极高的价值。

除了日常的沟通和反馈，家长还应积极参与学校的家长会等活动。这些活动不仅是了解孩子在校情况的机会，更是与教师、其他家长共同探讨孩子教育方法的平台。在家长会上，家长可以分享自己在家辅导孩子数学学习的经验，也可以从其他家长和教师的分享中获得新的教育理念和方法。

案例

家长与教师沟通对话实录

1. 背景

在某小学五年级的综合实践活动中，小明参与了一次以"环保与可持续发展"为主题的社区服务项目。活动结束后，小明的家长对孩子的表现有些疑惑，并希望与教师进行深入沟通。

2. 对话沟通记录

家长（王先生）：老师，您好。我是小明的爸爸，王刚。我想和您沟通一下小明在最近的综合实践活动中的表现。

教师（李老师）：王先生，您好。很高兴您来和我交流，关于小明的活动表现，您有什么具体的问题或疑惑吗？

家长：我感觉小明在这次活动中并没有像之前那样积极参与，显得有些被动。他回家后也不太愿意谈论这次活动的细节，我有点担心他是否遇到了什么问题。

教师：我理解您的担忧。在这次活动中，小明确实表现得相对内敛一些。不过，这并不一定就代表有问题。每个孩子都会有情绪波动，也许他只是需要一些时间来适应和调整。

家长：那他在活动中的具体表现如何呢？有没有完成分配给他的任务？

教师：小明在活动中主要负责收集和分类垃圾，他做得非常认真，也按照要求完成了任务。虽然他不是最活跃的，但他的责任心和团队合作意识还是很值得肯定的。

家长：那他在与同伴的互动方面怎么样呢？

教师：小明在与同伴的互动中，虽然话不多，但很懂得倾听和配合。当团队中出现不同意见时，他也能积极参与讨论，提出自己的看法。

家长：听您这么说，我放心多了。那您觉得我在家里该怎么引导他呢？

教师：我觉得您可以多鼓励他分享自己的感受和经历，无论是喜悦还是困感,也可以引导他主动思考如何在团队中更好地发挥自己的作用,培养他的自信心和表达能力,这样他在未来的活动中可能会更加自如和积极。

家长:非常感谢您的建议,李老师。我会尝试用您提到的方法来引导他。如果后续还有其他问题,我还可以来找您沟通吗?

教师:当然可以,王先生。家校之间的良好沟通对孩子的成长非常重要。如果后续有任何其他问题,欢迎您随时来找我。

家长:好的,谢谢您,李老师。祝您工作顺利!

教师:您太客气了,王先生。也祝您和小明一切顺利!

(四)创造良好的学习环境

学习环境对于孩子的学习效果有着深远的影响,特别是在数学学习方面。一个安静、整洁、无干扰的学习环境,不仅能够提高孩子的学习效率,还能帮助他们更好地专注于学习任务,培养自律和专注力。

为孩子提供一个安静、整洁的学习空间是至关重要的。在一个嘈杂的环境中,孩子很难集中精力去学习,更别提深入思考和解决复杂的数学问题了。因此,家长应确保孩子有一个专门的学习区域,这个区域应远离噪声和干扰,桌面整洁有序,以便孩子能够专心投入学习。

除了物质环境的营造,鼓励孩子自主学习也是创造良好学习环境的重要一环。自主学习不仅能够培养孩子的主动性和独立性,还能让孩子在学习过程中发现问题、解决问题,从而更深入地理解和掌握数学知识。家长可以通过设定明确的学习目标、提供适合孩子学习风格的资源和工具等方式来激发孩子自主学习的热情。

引导孩子合理安排学习时间也是至关重要的。良好的时间管理习惯不仅能够帮助孩子更高效地学习,还能避免其过度疲劳和产生厌倦情绪。家长可以与孩子一起制订学习计划,明确每天的学习任务和时间安排,让孩子在有序的学习中不断进步。

家长应关注孩子的情感需求,给予他们足够的关爱和鼓励。当孩子在学习数学的过程中遇到困难或挫折时,家长要耐心倾听孩子的想法和感受,帮助孩子建立积极的学习态度,让孩子在良好的体验中不断学习和成长。

> **案例**

家长为孩子创造良好的数学探索学习环境

1. 背景

小华的家长非常重视孩子的数学教育，他们深知数学不仅仅是算术和公式，更是一种逻辑思维和解决问题的能力。为了培养小华对数学的兴趣和探索欲望，家长决定为孩子创造一个良好的数学探索学习环境。

2. 具体做法

（1）打造数学角落。

在小华家的书房一角，一个特别的"数学角"引人注目。这个角落不仅仅是一个学习的空间，更是小华探索数学奥秘的乐园。书架上整齐地排列着各类数学书籍，从初级的算术练习册到高级的几何学教材，每一本都是家长精心挑选的，旨在满足小华不同阶段的学习需求。除了传统的数学教材，还有讲述数学历史的读物，让小华了解数学背后的故事，培养其对数学文化的兴趣。

更为特别的是，这个角落还配备了丰富的数学工具。一个精致的计算器让小华在进行复杂的计算时更加得心应手，而直尺、圆规和量角器等绘图工具则成为他探索几何图形的得力助手。这些工具不仅帮助小华更直观地了解数学概念，还激发了他动手操作的兴趣。每当小华拿起这些工具，他都会沉浸在数学的世界中，享受解决问题的乐趣。

为了让这个数学角更加生动，家长还特意在墙上贴上了数学公式和图形的海报，为小华营造了一个充满数学氛围的学习环境。每当小华走进这个角落，他都能感受到数学的魅力和神秘，这也进一步激发了他对数学知识的渴望。

（2）日常数学游戏。

在小华家，数学游戏成了亲子互动的重要环节。家长经常与小华一起玩各种数学游戏，其中最受欢迎的是数学拼图和数学猜谜。

数学拼图游戏让小华在动手操作中了解几何形状。在游戏中，他会拿出不同形状的拼图块，然后根据需要拼出特定的数学图形，如正方形、三角形等。

这个过程不仅锻炼了小华的空间思维能力，还让他更加熟悉各种几何形状。每当他成功拼出一个图形时，都会露出满足的微笑。

数学猜谜游戏更侧重于培养小华的逻辑推理能力。家长会给出一些线索，让小华猜测一个数字或数学公式。这些线索可能是一个谜语、一幅图案或者一道实际问题，需要小华运用所学的数学知识进行推理和解答。每当小华猜出正确答案时，他都会欢呼雀跃，感受到数学的乐趣和挑战性。

通过这些数学游戏，小华不仅提高了自己的数学技能，还与家长建立了更加紧密的联系。这些游戏成为家庭生活中的一个快乐源泉，让小华在轻松愉快的氛围中学习数学、爱上数学。

（3）实际问题解决。

小华的父母深知数学知识与日常生活息息相关，因此他们鼓励小华在实际生活中运用所学的数学知识。小华会跟随父母一起去超市，负责计算商品的总价以及找零。这不仅锻炼了他的算术能力，还让他更加了解货币的价值和交易的过程。

除此之外，烘焙也成为小华实践数学的一个有趣领域。在烘焙的过程中，家长会让小华按比例调整食材的量。例如，如果原配方需要100克面粉和50克糖，但小华只想做一半的量，那么他就需要计算出每种食材应该减少多少。这样的实践活动让小华更加深入地了解了比例和分数的概念，并学会了如何在实际操作中应用这些数学知识。

通过这些实际问题的解决，小华不仅巩固了所学的数学知识，还培养了解决实际问题的能力。他逐渐明白数学并不是一门抽象的学科，而是与我们的日常生活紧密相连，这种理解进一步激发了他对数学的兴趣和热爱。

（4）数学挑战项目。

为了进一步提升小华的数学素养和创新能力，家长定期为他设置数学挑战项目。这些项目旨在培养小华的问题解决能力、创新思维及团队合作精神。

其中一个典型的数学挑战项目是制作几何模型。小华需要根据给定的条件设计一个立体几何模型，并考虑其稳定性、美观性和实用性。在这个过程中，他不仅需要运用所学的几何知识，还需要发挥自己的创意和想象力。每当他完成一个模型时，都会感到无比的自豪。

设计一个数学游戏也是小华非常喜欢的挑战项目之一。他会思考如何让游戏更有趣、更具挑战性，并考虑游戏的规则和难度设置。这个过程不仅锻炼了他的逻辑思维能力，还让他更加深入地了解了数学在游戏设计中的应用。

通过这些数学挑战项目，小华的数学素养得到了全面提升。他学会了如何运用数学知识解决实际问题，培养了创新思维和团队合作精神。这些经历不仅对他的学习有帮助，还将对他的未来发展产生积极影响。

每当小华在数学探索中取得进步或解决了一个难题时，家长都会给予积极的反馈和奖励。这种正面的激励让小华更加自信，也更加热爱数学。家长鼓励小华自主学习，为他提供学习资源和学习计划。当小华遇到难题时，家长不会立刻为他解答，而是引导他自己思考、尝试，从而培养他的独立思考和解决问题的能力。

3. 效果与反馈

经过一段时间的实践，小华对数学的兴趣明显增加。他更加主动地探索数学知识，也更加自信地面对数学挑战，数学成绩也有了显著的提高。家长对此非常满意，并决定继续为小华创造更多、更好的数学探索学习环境。

第七章 小学数学教师专业发展与评价能力提升

在小学数学教育的广阔天地里，教师的专业发展和评价能力的提升，如同指引学生探索数学奥秘的明灯，照亮他们前行的道路。数学，这门充满逻辑与秩序的学科，需要的不仅是传授知识，还包括点燃学生对数字和逻辑的热爱，培育他们的思维能力和创新精神。而实现这一切，离不开教师专业素养的不断提高和评价能力的精益求精。

在教育的长河中，教师是指引航向的舵手，他们的专业素养和评价能力，就是引领学生在数学海洋中乘风破浪的双桨。在第七章，我们将深入探讨小学数学教师的专业发展与评价能力的提升。这不仅是对教师职业能力的探讨，更是对数学教育未来的一次深入思考和展望。我们期待每一位数学教师都能在教育这条道路上，以专业素养为基石，以评价能力为羽翼，更好地肩负起教书育人的重任，为学生的数学学习和成长提供坚实的支撑，为小学数学教育的发展贡献力量。

第一节　教师专业素养对评价工作的影响分析

教师的专业素养对评价工作产生深远的影响：它塑造了教师的全面评价观念，使教师能科学制定评价标准并灵活选择评价方法；它也提升了教师对评价结果的深入解读能力，确保评价反馈的有效性和创新性；高专业素养的教师还能严格遵守评价伦理，公正、客观、准确地评估学生，不仅关注知识掌握，还注重对学生思维能力、情感态度和创新精神的培养。因此，教师的专业素养是提高评价工作质量、促进学生核心素养形成的关键。只有不断提升教师的专业素养，才能确保评价工作的科学性、准确性和有效性，助力学生的当下学习与未来成长。

一、评价观念的塑造

在小学数学教学评价中，教师的专业素养对于评价观念的塑造起着至关重要的作用。一个专业素养高的教师，不仅会关注学生的知识掌握情况，更会注重对学生的思维能力、情感态度和创新精神的培养。全面的评价观念是新时代教育背景下小学数学教师应当具备的重要素质。

专业素养高的教师会摒弃传统的以考试成绩为唯一标准的评价观念。他们清楚地认识到，单一的考试成绩无法全面反映学生的数学能力和素养。因此，他们会从多个维度去观察和评价学生，包括学生的课堂表现、作业完成情况、小组合作能力、解决问题的能力等。多维度的评价方式能够更全面地了解学生的数学学习情况，发现学生的多方面潜能，为学生的个性化发展提供有力支持。

在小学数学教学评价中，这种全面的评价观念体现在各个方面。例如，在课堂教学中，专业素养高的教师会关注学生的参与度，鼓励学生积极发言、提问，通过学生的课堂表现来评价他们的学习态度和能力。在作业评价中，教师不仅会关注学生的答案是否正确，还会关注学生的解题思路和方法及作业完成的态度和习惯。在小组合作评价中，教师会关注学生的团队协作能力、沟通能力和解决问题的能力及他们在小组中的贡献和表现。

专业素养高的教师会鼓励学生尝试不同的解题方法和思路，支持学生开展数学实验和探究活动，通过实践操作来加深学生对数学知识的理解和掌握，激发学生的学习兴趣和积极性，同时培养学生的创新思维和实践能力。

二、评价标准的制定

在小学数学教学评价中，专业素养高的教师在制定评价标准时会更加科学、合理。这不仅关系到学生的学习成果评估，也直接影响到教师的教学策略和教学方法的调整。他们会根据学生的实际情况和教学目标制定出既符合教育规律又能真实反映学生学习状况的评价标准。

专业素养高的教师在制定评价标准时会深入了解学生的年龄特点、认知水平和数学基础等因素。他们明白，不同年龄段的学生在数学学习上有不同的需求和特点，因此需要制定与之相适应的评价标准。例如，对于低年级的学生，教师会注重评价学生的数学基础知识掌握情况和基本技能的运用能力；对于高年级的学生，教师则会注重评价学生的数学思维能力和解决实际问题的能力。

专业素养高的教师在制定评价标准时会紧密结合数学课程的教学目标。他们清楚地知道，评价标准应该为教学目标服务，既要能够全面反映学生的学习成果，又要能够指导教师的教学实践。因此，他们会根据教学目标的要求制定出具体的、可操作的评价标准，以便更好地评估学生的学习情况并调整教学策略。

在制定评价标准的过程中，专业素养高的教师还会注重多元评价的理念。他们明白，单一的评价标准无法全面反映学生的学习情况，因此需要结合多种评价方式和方法来制定评价标准。例如，除了传统的笔试成绩外，教师还可以考虑学生的课堂表现、作业完成情况、小组合作能力等多个方面来制定评价标

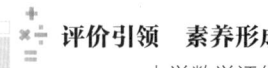

准。这样的评价方式不仅能够更全面地评估学生的学习成果，还能够激发学生的学习兴趣和积极性。

专业素养高的教师在制定评价标准时还会考虑到学生的个体差异。他们知道，每个学生都有自己的独特之处和优势领域，因此需要制定个性化的评价标准来更好地评估每个学生的学习情况。

三、评价方法的选择

在小学数学教学评价中，教师的专业素养对于评价方法的选择具有深远的影响。一个具备较高专业素养的教师会根据评价目标和学生的特点灵活地运用各种评价方法，以确保能够全面、客观地评价学生的学习成果。

具备较高专业素养的教师会明确评价的目标。他们清楚地知道，不同的评价目标需要采用不同的评价方法。例如，如果目标是了解学生的基础知识掌握情况，那么可以选择传统的笔试或口试；如果目标是评估学生的实践操作能力，那么可以采用实验操作或作品展示等方式进行评价。

在小学数学教学评价中，观察法是一种常用的评价方法。专业素养高的教师会在课堂上仔细观察学生的表现，注意他们的反应、参与度和解决问题的能力。通过观察，教师可以更直观地了解学生的学习情况和思维过程，从而为他们提供更具个性化的指导。教师还可以通过观察学生在小组合作中的表现评估他们的团队协作能力和沟通能力。

除了观察法，作品分析法也是小学数学教学评价中常用的一种评价方法。教师可以通过分析学生的作业、练习和测试等作品，了解他们的解题思路、方法和技巧。这种评价方法不仅可以评估学生的知识掌握情况，还可以发现他们在解题过程中存在的问题和不足。通过作品分析，教师可以针对学生的个体差异提供有针对性的指导和建议。

测验法在小学数学教学评价中也占据着重要的地位。教师可以通过定期的测试来评估学生的学习成果和进步情况。然而，专业素养高的教师会注重测验的科学性和合理性，避免单一的、片面的评价方式。他们会结合教学目标和学生的实际水平来设计测试题，确保测验结果能够真实反映学生的学习情况。

在评价方法的选择上，专业素养高的教师还会注重过程性评价和终结性评价的结合。他们会在教学过程中不断关注学生的学习情况和表现，及时给予其反馈和指导。他们也会在学期末进行终结性评价，以全面评估学生的学习成果和进步情况。

四、评价结果的解读

在小学数学教学评价中，专业素养高的教师不仅能够灵活运用各种评价方法，更重要的是能够准确、深入地解读评价结果，从而为学生的发展提供有针对性的建议。

专业素养高的教师会全面、客观地分析评价结果。他们不仅关注学生的得分情况，还会深入挖掘数据背后的信息，如学生在不同知识点上的掌握情况、解题思路和方法的运用等。通过这样的分析，教师可以更准确地了解学生的学习状况和存在的问题。

在解读评价结果时，专业素养高的教师会结合学生的实际情况进行分析。例如，对于成绩优异的学生，教师会关注他们的学习方法和思维习惯，鼓励他们继续保持并加强自主学习能力；对于成绩中等或较差的学生，教师会重点分析他们在学习过程中遇到的困难和挑战，帮助他们找到适合自己的学习方法和策略。

专业素养高的教师还会根据评价结果为学生提供具体的改进措施。他们不仅会指出学生在学习中存在的问题，还会给出具体的解决方案和建议。例如，针对学生在某一知识点上的掌握不足的情况，教师可以提供额外的辅导材料或练习题，帮助学生加强巩固；针对学生在解题思路和方法上的欠缺，教师可以引导他们进行反思和总结，提高他们的解题能力。

除了对个体的关注，专业素养高的教师还会从整体上分析评价结果，以了解全班学生的学习情况和趋势。他们会根据这些数据调整教学方法和策略，以满足不同学生的需求。例如，如果发现大部分学生在对某一知识点的理解和掌握上存在困难，教师可以调整教学计划，增加对该知识点的讲解和练习时间。

在解读评价结果的过程中，专业素养高的教师还会注重与学生的沟通和交流。他们会及时将评价结果反馈给学生和家长，并解释评价的依据和意义。通过与学生和家长的沟通，教师可以更好地了解学生的学习需求和期望，从而为他们提供更具个性化的教学服务。

五、评价反馈的有效性

在小学数学教学评价中，教师的专业素养对于评价反馈的有效性起着至关重要的作用。专业素养高的教师不仅关注学生的评价结果，更注重如何给予学生有效、有针对性的反馈，以帮助他们认清自己的学习状况并找到改进的方向。

专业素养高的教师会根据学生的评价结果提供详细、具体的反馈意见。他们不仅会指出学生在哪些方面做得好，更会明确指出学生在哪些方面需要改进。例如，在数学测试中，如果学生的计算题出现错误，教师不会仅仅告诉学生"你做错了"，而是会具体分析错误的原因——是计算步骤出错，还是对概念理解有误。这样的具体反馈能让学生清楚地了解自己的不足，知道如何改进。

每个学生的学习情况和问题都是独特的，因此，教师需要针对每个学生的具体情况给予反馈。例如，对于数学基础较薄弱的学生，教师需要提供更多的基础知识和解题技巧的反馈；对于数学基础较好的学生，教师可以提供更多拓展性的问题和挑战，鼓励他们进一步探索数学世界。

为了激发学生的学习兴趣和学习动力，专业素养高的教师还会在评价反馈中融入激励元素。他们会及时发现并肯定学生的进步和优点，鼓励学生继续努力。他们也会为学生提供展示和交流的机会，让学生在互相学习和分享中感受到数学的魅力。

专业素养高的教师会在评价后尽快给予学生反馈，让学生能够及时了解自己的学习状况，从而及时调整学习策略。及时的反馈还能让学生感受到教师的关注和重视，增强他们的学习积极性和自信心。

六、评价工作的创新性

在小学数学教学评价中，教师的专业素养同样体现在评价工作的创新性上。随着教育改革的不断深入和学生需求的多样化，传统的评价方式已经无法满足现代教育的需求。因此，具备较高专业素养的教师会不断探索和创新评价工作，以适应新的教育形势。

专业素养高的教师会关注教育发展的趋势，尝试运用新的评价方法和手段来评估学生的学习成果。例如，可能会引入电子档案袋评价，记录学生的学习过程和成果，以便更全面地了解学生的学习情况。电子档案袋评价不仅能够提供丰富的学习证据，还能够提升学生的自我反思和自我管理能力。

除了电子档案袋评价，表现性评价也是一种创新的评价方式。它通过观察学生在真实或模拟的情境中完成任务的表现来评估他们的能力。在小学数学教学中，教师可以设计具有挑战性的数学问题或项目，让学生在实际操作中展示他们的数学思维和解决问题的能力。

专业素养高的教师会将评价内容从单一的知识技能拓展到学生的情感态度、实践能力和创新思维等多个方面。例如，在评价学生的数学学习时，教师不仅会考查学生的计算能力和解题技巧，还会关注他们在数学学习过程中表现出的合作精神、探究意识和创新思维。

在小学数学教学评价中，教师可以尝试将数学与其他学科相结合，设计跨学科的评价任务。例如，可以让学生运用数学知识解决科学或社会学科中的问题，从而培养他们的综合思维和问题解决能力。

七、评价伦理的遵守

在小学数学教学评价中，对评价伦理的遵守是教师专业素养的重要体现。一个严格遵守评价伦理的教师，不仅能够确保评价的公正性、客观性和准确性，还能够为学生营造一个公平、尊重、和谐的学习环境。

专业素养高的教师深知，每一个学生都应被平等对待，评价不应受到任何偏见或主观意愿的影响。在小学数学教学评价中，这意味着教师会严格按照评价标准来评估学生的表现，不会因个人喜好或偏见而给予某些学生不公正的评价。例如，在评分时，教师会遵循统一的评分标准，确保每个学生都受到公平对待。教师还会避免在评价过程中出现任何形式的歧视，确保每个学生都能在平等的机会下展示自己的能力和潜力。

专业素养高的教师明白，客观的评价是帮助学生认清自己、不断进步的关键。在小学数学教学评价中，教师会基于学生的实际表现和成果来给予评价，而不是基于主观臆断或个人情感。例如，在评价学生的数学作业时，教师会根据作业的完成情况、准确性、创新性等方面进行综合评估，而不是仅仅根据自己对学生的主观印象。这样的评价方式能够更真实地反映学生的学习情况，有助于学生了解自己的不足并进行改进。

专业素养高的教师在小学数学教学评价中会力求评价的准确性，因为只有准确的评价才能为学生提供有价值的反馈，帮助他们更好地提升自己。为了实现评价的准确性，教师会充分了解学生的学习情况和家庭背景，结合学生的课堂表现、作业完成情况和测试结果等多个方面进行评价。教师还会采用多种评价方法，如观察法、作品分析法等，以确保评价的全面性和准确性。

除了公正性、客观性和准确性外，专业素养高的教师还会尊重学生的隐私权和知情权。专业素养高的教师明白，每个学生都有自己的尊严和隐私，因此在评价过程中会严格遵守相关规定，确保学生的个人信息和成绩等敏感信息不被泄露。教师还会及时将评价结果反馈给学生和家长，让他们了解学生的学习情况和进步情况，以便更好地配合学校的教育工作。

在小学数学教学评价中，与家长的沟通与协作也是评价伦理的重要一环。专业素养高的教师会主动与家长保持联系，及时向他们反馈学生的学习情况和评价结果。他们会倾听家长的意见和建议，与家长共同商讨学生的学习计划和改进措施。通过与家长的紧密合作，教师能够更好地了解学生的家庭背景和学习环境，从而为学生提供更加个性化的教育服务。

专业素养高的教师还会注重培养学生的自律意识和自主评价能力，会鼓励学生进行自我反思和自我评价，培养他们的自主学习能力。教师还会引导学生正确对待他人的评价和建议，学会接受和吸纳有益的意见和建议来改进自己的学习方法和策略。

第二节 教师评价能力的组成

在小学数学教学中,教师的评价能力由多方面组成,包括正确评价理念、科学评价方法、观察分析能力、互动沟通能力、情感共鸣能力、随机应变能力、引领成长能力、情绪控制能力、评价工具应用能力及研究反思能力等。这些能力共同构成了教师全面、客观、高效地评价学生的基础,不仅有助于提升教学质量,更能促进学生的个性化发展和全面成长。通过熟练运用评价工具,深入研究反思评价实践,教师能够持续优化评价策略,确保评价的准确性和有效性,为学生的数学学习提供有力支持。

一、正确评价理念

正确评价理念作为教师评价能力的基础,对于教师的教育教学工作具有深远的影响。这一理念不仅反映了教师的教育观、学生观和质量观,更是推动学生可持续发展的重要保障。

评价理念,简而言之,就是教师对评价活动的根本认识和看法,它涉及教师对评价目的、评价标准和评价方式的全面理解。正确的评价理念强调评价的多维度、多角度,旨在打破传统的以分数为唯一标准的评价模式。

在实际教学中,正确评价理念的表现体现在多个方面。首先,教师能够明确评价的目的在于促进学生的发展,而非简单地对学生进行分等排序。他们认识到评价不仅仅是为了检验学生的学习成果,更重要的是通过评价发现学生的潜能和特长,为他们提供个性化的指导和帮助。其次,教师能够制定符合学生实际和课程标准的评价标准。他们深入了解学生的年龄特点和认知水平,结合课程标准的要求,制定出既具有挑战性又符合学生实际的评价标准。这样的评价标准能够确保评价的公正性和科学性，让每个学生都能在评价中找到自己的位置。最后，教师能够灵活运用多种评价方式。他们不再局限于传统的笔试形式，而是根据评价目标和评价对象的特点选择恰当的评价方式。例如，通过观察学生的课堂表现、与学生进行访谈、分析学生的作品等方式来全面评价学生的学习成果。这种多元化的评价方式能够更加准确地反映学生的学习状况和发展水平。

正确评价理念对教师和学生都会产生积极的影响。对于教师而言，它引导教师关注学生的学习过程和学习态度，促使教师更加深入地了解学生的需求和特点，从而提供更加有针对性的指导和帮助。这种以学生为中心的评价理念有助于建立和谐的师生关系，提高教学效果。对于学生而言，正确评价理念能够增强他们的自信心和学习动力。在全面、客观、准确的评价中，学生能够更加清晰地认识自己的学习状况和发展水平，明确自己的学习方向和目标。

二、科学评价方法

科学评价方法是教师评价能力的核心，它直接关系到评价结果的客观性和有效性。在科学评价方法的指导下，教师能够根据学生的实际情况和需求选择恰当的评价工具和评价手段，对学生的学习成果进行全面、客观、准确的评价。

科学评价方法是指教师在评价过程中遵循教育规律和评价原则，采用科学的评价技术和手段，确保评价结果的客观性和有效性。它要求教师在评价过程中既要关注学生的学习成果，也要关注学生的学习过程和学习态度；既要注重评价的全面性，也要注重评价的针对性和有效性。

在实际教学中，科学评价方法具体体现在以下几个方面。首先，教师能够根据不同的评价目标和评价对象选择合适的评价工具和评价手段。例如，在评价学生的数学能力时，教师可以采用数学测试、数学问题解决能力评估等方式来检验学生的数学知识和技能掌握情况；在评价学生的创新能力时，教师可以通过观察学生的创新思维表现、分析学生的创新作品等方式来评估学生的创新能力。

此外，教师能够制定明确的评价标准和评分细则。他们根据评价目标和评价对象的特点，制定出具有可操作性的评价标准和评分细则，确保评价过程的公正性和科学性。教师还能够对评价标准进行动态调整和优化，以适应不同学生的学习需求和发展水平。教师也能够对评价结果进行深入的分析和解读。他们不仅关注评价结果本身，还关注评价结果背后的原因和规律。通过对评价结果的分析和解读，教师能够发现学生的学习问题和需求，为教学提供有益的反馈和指导。这种基于数据的评价方式能够更加准确地反映学生的学习状况和发展水平。

科学评价方法对教师和学生都会产生积极的影响。对于教师而言，它提高了评价的科学性和准确性，让教师能够更加全面、客观地了解学生的学习状况和发展水平。对于学生而言，科学评价方法能够让他们更加清晰地认识自己的学习状况和发展水平。在明确、具体的评价标准和评分细则的指导下，学生能够更加有针对性地改进自己的学习方法和策略，提高学习效果。这种评价方式还能够激发学生的竞争意识和学习动力。

三、观察分析能力

观察分析能力是小学数学教师评价能力的重要组成部分，这种能力不仅要求教师具备敏锐的洞察力，还要求教师能够运用专业的知识对观察到的现象进行深入的分析和解读。

观察分析能力，是指教师在日常教学和评价过程中，通过细致入微的观察，捕捉学生的学习行为和过程，进而对这些行为背后的学习特点和问题进行深入分析的能力。这种能力不仅涉及对学生知识掌握情况的观察，还包括对学生学习态度、方法、思维习惯等多方面的观察。

在小学数学教学中，观察分析能力具体体现在多个方面。教师持续关注学生在课堂上的表现，不仅仅关注学生的参与度，还应注意学生的眼神、表情及他们在小组讨论或独立思考时的行为细节。通过这些观察，教师能够初步判断学生对数学知识的理解和应用程度。教师还会通过批改学生的作业和作品来进一步分析学生的学习状况。他们不仅会关注学生的答案是否正确，还会深入分析学生的解题思路、方法和步骤，从而发现学生在知识掌握和思维习惯上的优点和不足。更为关键的是，教师具备对观察结果进行深入分析和解读的能力。他们能够根据观察到的现象，结合自身的专业知识和教学经验，对学生的学习特点和问题进行准确的分析和判断。这种分析不仅关注学生当前的学习状况，还会预测学生未来可能遇到的困难和挑战。

观察分析能力对教师评价工作的影响是深远的。首先，它能够帮助教师更加准确地把握学生的学习状况和需求，从而制订更具针对性的教学计划和评价策略。例如，通过观察发现某个学生在理解"分数"的概念上存在困难，教师可以专门为该学生设计一些辅助练习和讲解，以帮助他克服困难。其次，观察分析能力还有助于教师发现教学中的问题和不足。通过对学生的学习行为和过程进行深入分析，教师可以发现自己在教学方法、教学内容或教学进度上存在的问题，从而及时进行调整和改进。这种持续改进的教学方式有助于提高教学效果和质量。最后，观察分析能力还能够增强教师与学生之间的互动和理解。通过细致入微的观察和深入的分析，教师能够更加全面地了解学生的内心世界和学习需求，从而建立更加和谐融洽的师生关系。

四、互动沟通能力

在小学数学教学中，互动沟通能力是教师评价能力的重要体现。这种能力不仅要求教师能够与学生进行有效的沟通和交流，还要求教师能够准确理解学生的想法和感受，以此为基础进行准确的评价。

互动沟通能力，是指教师在评价过程中通过积极的互动和沟通，了解学生的内心世界和学习需求，从而为评价提供更加全面和准确的信息的能力。这种能力强调教师与学生之间的双向交流和反馈，旨在促进师生之间的理解和信任。在小学数学教学中，互动沟通能力体现在多个方面。第一，教师能够主动与学生进行交流和沟通，了解他们对评价的看法和意见。例如，在评价学生的作业或作品时，教师可以询问学生对自己作品的看法和评价，以便更全面地了解学生的想法和感受。第二，教师能够耐心倾听学生的想法和感受，关注学生的情感体验。他们会在评价过程中给予学生充分的表达机会，认真倾听他们的意见和建议，以便更准确地了解学生的学习状况和需求。第三，教师还能够根据学生的反馈及时调整评价方式和方法。例如，如果发现学生对某种评价方式存在抵触情绪或困惑，教师可以及时调整评价方式或提供额外的解释和指导，以确保评价的针对性和有效性。

互动沟通能力对教师评价工作的影响是显著的，它有助于增强师生之间的信任和理解。通过积极的互动和沟通，教师能够更深入地了解学生的内心世界和学习需求，从而建立更加和谐融洽的师生关系。良好互动的师生关系有助于激发学生的学习动力和学习兴趣。互动沟通能力还能够提高评价的准确性和有效性。通过了解学生的想法和感受，教师能够更加准确地把握学生的学习状况和需求，从而制定更具针对性的评价策略和方法。这种基于学生实际需求的评价方式能够更好地反映学生的学习成果和发展水平，为教学提供有益的反馈和指导。互动沟通能力还有助于培养学生的自主学习能力和合作精神。在评价过程中，教师可以通过引导学生参与评价、讨论和交流等方式，培养学生的独立思考能力和团队协作精神。

五、情感共鸣能力

在小学数学教学中，情感共鸣能力是教师在评价过程中不可或缺的一部分。这种能力不仅要求教师关注学生的学业成就，更要深入了解学生的情感体验，与学生建立深厚的情感联系。

情感共鸣能力是指教师在评价过程中能够设身处地地了解学生的情感状态，与学生在情感上产生共鸣。它强调的是教师在评价过程中对学生情感的关注和了解，而不仅仅是知识的传递和技能的训练。

在实际评价中，情感共鸣能力的表现是多方面的。教师能够敏锐地察觉到学生的情感变化，无论是喜悦、困惑还是沮丧，教师都能够给予及时而恰当的回应。当学生在解题过程中取得进步时，教师会用鼓励的话语和微笑表达赞赏；当学生遇到难题时，教师会用耐心和细心引导他们寻找解决问题的方法；当学生在评价中表现出消极情绪时，教师会用理解和包容的态度给予他们支持和鼓励。情感共鸣能力还体现在教师对学生的个别关怀上。每个学生都是独一无二的个体,他们在学习过程中会遇到不同的问题和挑战。教师要能够针对每个学生的具体情况给予个性化的关怀和帮助。这种关怀不仅限于学业上的指导,更包括情感上的支持和陪伴。教师会用温暖的语言和态度让学生感受到被尊重和理解,从而增强他们的学习动力和自信心。

情感共鸣能力对小学数学教学具有深远的影响。首先,它能够增强师生之间的情感联系和信任感。当学生在评价中感受到教师的关怀和理解时,他们会更加愿意与教师分享自己的想法和感受,建立起更加紧密的师生关系。这种关系有助于提高学生的学习积极性和参与度,提高教学效果。其次,情感共鸣能力能够激发学生的学习动力和学习兴趣。当学生在评价中感受到被尊重和理解时,他们会更加珍惜自己的学习机会,努力提高自己的学业成就。教师对学生的情感关怀还能够激发学生的好奇心和探究欲望。最后,情感共鸣能力还能够培养学生的情感素养和人文关怀精神。在小学数学教学中,教师不仅要关注学生的知识掌握情况,更要注重培养学生的情感素养和人文关怀精神。通过对学生情感共鸣能力的培养,教师能够引导学生关注他人的情感状态,学会关心他人、理解他人,从而培养出具有社会责任感和人文关怀精神的新时代公民。

六、随机应变能力

在小学数学教学中,随机应变能力是教师在评价过程中必须具备的重要能力之一。这种能力要求教师在面对突发情况时能够迅速做出反应并灵活调整评价策略和方法。

随机应变能力是指教师在评价过程中能够根据实际情况的变化灵活调整评价策略和方法的能力。它强调的是教师在评价过程中的灵活性和适应性,以应对各种不可预见的情况和挑战。

在实际评价中,随机应变能力的表现是多方面的。首先,教师能够在评价中迅速发现问题并做出相应的调整。例如,当教师在评价学生的作业时发现大部分学生对某个知识点掌握不够牢固时,他们会及时调整教学计划,加强对该知识点的讲解和练习。这种及时调整不仅有助于解决学生当前的问题,还能够预防类似问题在未来再次出现。其次,教师能够在遇到学生意外行为时保持冷静并妥善处理。小学生活泼好动，有时会在课堂上做出一些意料之外的行为。当出现这种情况时，教师能够迅速做出反应，用温和而坚定的态度引导学生回到学习状态。他们不会因此而中断评价过程或对学生进行严厉的批评，而是会以一种理解和包容的态度处理学生的意外行为。最后，教师还能够在评价环境发生变化时灵活调整评价方式和方法以适应新的情况。例如，当学校临时安排一场紧急活动导致评价时间缩短时，教师能够迅速调整评价计划和方式，确保在有限的时间内完成评价任务。他们可能会选择更加高效的评价工具或方法，如快速问答或小组合作讨论等，以充分利用有限的时间进行评价。

随机应变能力对小学数学教学具有重要的影响。首先，它能够确保评价的顺利进行和有效性。当评价过程中遇到突发情况时，教师能够迅速做出反应并灵活调整评价策略和方法，确保评价的连贯性和一致性。这种应变能力有助于减少评价过程中的干扰和阻碍，提高评价的效率和准确性。其次，随机应变能力还能够展现出教师的专业素养和应变能力。当教师在评价过程中展现出灵活应变的能力时，学生会对教师产生更高的信任感和尊重。最后，随机应变能力还能够培养学生的应变能力和适应能力。教师在评价过程中展现出的随机应变能力会对学生产生潜移默化的影响。学生会在观察和学习过程中逐渐掌握这种能力，学会在面对突发情况时保持冷静并灵活应对。

七、引领成长能力

在小学数学教学中，引领成长能力是教师在评价过程中展现出的对学生未来发展的深刻洞察力和精心指导力。这种能力强调教师不仅要关注学生当前的学习状况，更要着眼于他们的长远发展，通过评价激发学生的潜能，引导他们向着更高的目标迈进。

引领成长能力是指教师在评价过程中能够敏锐地发现学生的潜能和特长，结合学生的实际情况和兴趣，为他们量身定制个性化的成长路径，并提供有针对性的指导和建议。这种能力体现了教师对学生未来发展的深度关怀和高度责任感。

在实际教学中，引领成长能力的表现是多方面的。首先，教师能够在评价中发现学生的潜能和特长，并给予及时的肯定和鼓励。他们通过观察学生在课堂上的表现、分析学生的作业和作品等方式，发现学生的独特之处，并鼓励学生发挥优势，不断超越自我。其次，教师能够根据学生的特点和兴趣提供个性化的指导和建议。他们深入了解每个学生的性格、爱好和学习风格，针对每个学生的具体情况制订个性化的教学计划和评价策略。例如，对于数学天赋出众的学生，教师可以推荐他们参加数学竞赛或参与数学研究项目，以进一步培养他们的数学素养和创新能力；对于数学基础薄弱的学生，教师可以为他们提供额外的辅导和支持，帮助他们建立数学学习的自信心和兴趣。教师还能够为学生制订个性化的成长计划和目标。教师与学生共同讨论未来的发展方向和目标，并制订相应的计划和措施，以帮助学生更好地发展。这些成长计划和目标不仅关注学生的学业成就，还注重培养学生的综合素质和社会责任感，旨在培养出既有才华又有品德的新时代公民。

引领成长能力对小学数学教学具有深远的影响。首先，它能够激发学生的自信心和动力，使学生更加珍惜学习机会，努力提高自己的学业成就。其次，它能够促进学生的个性化和多维度发展，帮助学生发挥自己的优势和特长，实现个性化的成长。最后，它还能够增强师生之间的信任和联系，有助于建立良好的师生关系和教学秩序，为学生的学习和成长提供更加有力的支持。

八、情绪控制能力

在小学数学教学中，情绪控制能力是教师在评价过程中展现出的重要素质之一。它要求教师在面对各种情绪挑战时能够保持冷静、客观和公正的态度，确保评价的准确性和有效性。

情绪控制能力是指教师在评价过程中能够有效地调节和管理自己的情绪，以确保评价的客观性和公正性的能力。这种能力体现了教师对自身情绪的深刻认识和高度自律性。

在实际教学中，情绪控制能力的表现是多方面的。首先，教师能够在评价中保持冷静、客观和公正的态度，不被个人情绪所左右。他们客观地看待学生的表现，公正地评价学生的学习成果和发展水平。其次，教师能够在遇到学生的不良行为时保持冷静并妥善处理。他们能够迅速调整自己的情绪状态，采取适当的方式处理学生的不良行为，既维护课堂秩序又保护学生的自尊心。教师还能够在评价过程中关注学生的情感体验并避免对学生造成情感伤害。他们关注学生的内心世界和情感体验，在给予学生反馈和建议时采用温和而坚定的语气和态度，让学生感受到被尊重和理解。

情绪控制能力对小学数学教学具有积极的影响。首先，它能够确保评价的客观性和公正性，使评价结果更加准确可靠，真实反映学生的学习状况和发展水平。其次，它能够避免情绪化评价对学生造成不良影响，保护学生的心理健康和自尊心。最后，它还能够树立教师的良好形象和发挥榜样作用，增强学生对教师的信任和尊重，促进良好的师生关系和教学秩序的形成。教师的情绪控制能力也会对学生产生潜移默化的影响，培养学生的自律性和情绪管理能力，促进他们的健康成长和发展。

九、评价工具应用能力

在小学数学教学中，评价工具应用能力是教师在评价环节展现出的关键技能。随着信息技术的飞速发展，各种评价工具和技术层出不穷，为教师的教学评价工作提供了强大的支持。教师具备操作这些评价工具的基本知识和技能，不仅能提升评价效率，还能确保评价的准确性，从而为学生提供更加精准和个性化的反馈。

评价工具应用能力，指的是教师在评价过程中能够熟练运用各类评价工具和技术，如在线评价系统、数据分析软件等。这些工具能够帮助教师快速、准确地收集和分析学生的学习数据，为教师提供科学、客观的评价依据。评价工具的应用也是教育信息化发展的重要体现，有助于提高评价的科技含量和现代化水平。

在实际教学中，评价工具应用能力体现在多个方面。首先，教师能够熟练使用在线评价系统收集和分析学生的学习数据。这些系统通常具备强大的数据收集和分析功能，能够帮助教师实时掌握学生的学习情况。例如，教师可以通过系统查看学生的作业完成情况、测试成绩等信息，从而对学生的学习状态有一个全面的了解。其次，教师能够运用数据分析软件对学生的作业和测试成绩进行深入分析。数据分析软件通常具备强大的数据处理和分析能力，能够帮助教师挖掘数据背后的规律和趋势。通过软件分析，教师可以发现学生对某个知识点的掌握情况、错误类型等信息，从而为后续的教学和评价提供有针对性的指导。最后，教师还能够利用评价工具为学生提供个性化的反馈和建议。通过收集和分析学生的学习数据，教师可以针对学生的具体情况制定个性化的评价方案。例如，对于表现优秀的学生，教师可以给予肯定和鼓励，同时提出更高的要求和挑战；对于表现欠佳的学生，教师可以指出其存在的问题和不足，并提供具体的改进建议和方法。

评价工具应用能力对小学数学教学具有深远的影响。首先，它能够提高评价的效率和准确性。通过应用评价工具，教师可以快速、准确地收集和分析学生的学习数据，从而确保评价的客观性和公正性。这种基于数据的评价方式能够为教学提供有力的支持，帮助教师更好地了解学生的学习状况和需求。其次，评价工具的应用还能够丰富评价形式，激发学生的学习兴趣和参与度。传统的评价方式往往以纸质作业和测试为主，形式单一且缺乏趣味性。而评价工具的应用则可以为评价注入新的活力和创意，如在线测试、游戏化评价等。这些新颖的评价方式能够吸引学生的注意力，激发他们的学习兴趣和积极性，从而提高评价的效果和质量。最后，评价工具应用能力还能够促进教师的专业发展。随着信息技术的不断发展，评价工具和技术也在不断更新和迭代。教师需要不断学习和掌握新的评价工具和技术，以适应时代的发展和教学的需要。这种持续学习和进步的过程不仅能够提升教师的专业素养和教学水平，还能够为教师的专业发展开辟新的道路和创造新的机遇。

十、研究反思能力

在小学数学教学中，研究反思能力是教师在评价过程中不可或缺的一种素养。它要求教师在完成评价后能够对自己的评价实践进行深入反思和总结，以发现其中的问题和不足，并寻求改进和优化之道。

研究反思能力是指教师在评价过程中具备对评价实践进行深入研究和分析

的能力。它要求教师能够对自己的评价活动进行客观、全面的审视和评估，从中发现问题并提出改进措施。这种能力体现了教师对评价工作的深刻认识和高度责任感，也是教师专业成长的重要标志之一。

在实际教学中，研究反思能力体现在多个方面。首先，教师能够经常回顾自己的评价实践，思考评价的有效性和准确性。他们会认真分析每次评价的目标、标准、方法和结果等方面是否存在问题或不足，并思考如何改进和优化评价方案。其次，教师能够针对评价过程中出现的问题进行深入分析和研究。他们会仔细研究问题的原因和影响因素，并尝试寻找解决问题的方法和途径。例如，当发现学生对某个知识点普遍掌握得不够牢固时，教师会深入分析原因（可能是教学方法不当、练习量不足等），并据此调整教学计划和评价方法。教师还能够与其他教师交流评价经验和方法，共同提高评价能力。他们会积极参加各种教研活动、研讨会等交流活动，与同行分享自己的评价经验和心得体会，同时学习借鉴他人的优秀做法和成功经验，以不断提升自己的评价水平。

研究反思能力对小学数学教学具有积极的推动作用。首先，它能够帮助教师不断优化自己的评价策略和方法，提高评价效果。通过不断反思和总结评价实践中的问题和不足，教师能够逐渐掌握更加科学、有效的评价方法和技术，为学生提供更加精准和个性化的反馈和建议。其次，研究反思能力还能够促进教师的专业发展。在反思过程中，教师会不断思考如何改进和优化评价方案，这需要教师具备深厚的教育理论知识和实践经验。通过不断学习和实践，教师的专业素养和教学水平会得到不断提升。最后，研究反思能力还能够增强教师的责任感和使命感。在反思过程中，教师会深刻认识到评价工作的重要性和意义，从而更加认真地对待每一次评价活动，确保评价的客观性和公正性，为学生的成长和发展保驾护航。

第三节 提升教师评价能力的策略

在小学数学的殿堂里，教师如同智慧的导航者，他们以书为帆，驶向知识的海洋，汲取前人的评价智慧；他们以课为镜，观照他人的教学风采，领悟评价之精髓；他们以思为剑，剖析自我，积淀宝贵的评价经验；他们以团队为舟，携手共进，探寻评价的奥秘；他们以课题为梯，攀登研究的高峰，深化对评价的认知；他们更以学生的心声为指南针，倾听、感悟，不断完善评价方式。在这段旅程中，教师的评价能力如破茧的蝶，翩翩起舞在教学的花丛中，为学生的成长增添绚丽的色彩。

一、博览群书，汲取评价智慧

阅读，作为人类传承知识、启迪智慧的重要途径，对于小学数学教师而言，更是提升专业素养、丰富评价手段不可或缺的一环。教师可以通过广泛涉猎教育学、心理学等领域的专业书籍深入了解学生心理发展的特点，从而更加精准地把握学生的学习需求和心理动态。

在教育学方面，教师可以阅读《教育学原理》《教育心理学》等经典著作，了解教育的本质、目的和方法及学生在学习过程中的心理变化和需求。这些理论知识能够帮助教师更加科学地设计教学评价策略，使其更加符合学生的认知规律和学习特点。

在心理学领域，《儿童发展心理学》等书籍可以帮助教师深入了解学生的心理发展阶段和特点。通过掌握学生的心理发展规律，教师可以更加准确地判断学生的学习状态和问题所在，从而给出更加有针对性的评价和指导。

教师还可以阅读一些具体的教学评价书籍，这类书籍通常会结合具体的教学案例，为教师提供更加实用的评价方法和技巧。通过阅读这些书籍，教师可以学到如何根据学生的实际情况制定评价标准、如何运用多元化的评价方式激发学生的学习兴趣等实用技能。

小学数学教师可以通过阅读相关书籍学习如何运用表现性评价来评估学生的数学素养。表现性评价是一种通过观察学生在实际任务中的表现来评估其学习成果的方法。教师可以设计一些具有挑战性的数学任务，如解决复杂的数学问题、进行数学建模等，然后观察学生在任务中的表现，评估他们的数学素养和解决问题的能力。这种方法不仅能够真实反映学生的数学学习水平，还能够激发学生的学习兴趣和动力。

再比如，教师可以通过阅读书籍学习如何制定科学的评价标准。在小学数学教学中，评价标准具有明确性、可操作性和可衡量性。教师可以通过参考相关书籍中的评价标准案例，结合自身的教学实际情况，制定出符合学生实际的评价标准，这样不仅能够更加客观地评估学生的学习成果，还能够为学生提供更加明确的学习目标和方向。

二、观摩学习，领悟他人评价精髓

听课评课是教师专业成长的重要途径之一，它允许教师直接从同行的教学实践中学习和借鉴。对于小学数学教师而言，观摩其他教师的课堂教学不仅可以拓宽教学视野，还能够学习到不同的评价技巧和方法。

在观摩过程中，教师应该带着明确的目的和问题去听课，重点关注授课教师在教学评价方面的策略和技巧。例如，可以观察授课教师是如何根据学生的回答给予即时反馈的，又是如何运用多元化的评价方式激发学生的学习积极性的。教师还应注意授课教师是如何处理学生的错误回答的，这对于提升自身的教学应变能力和评价艺术具有重要意义。

评课环节是观摩学习的另一重要组成部分。在这一环节中，教师们可以围绕教学评价展开深入的讨论和交流。通过听取同行的意见和建议，教师可以更加清晰地认识到自己在教学评价方面的优点和不足，从而有针对性地加以改进。

例如，一位教师在观摩另一位教师的《分数加减法》课程时，可以特别关注授课教师是如何评价学生的回答的。如果授课教师在学生正确回答问题后给予及时的肯定和表扬，同时在学生回答错误时能够以引导的方式指出错误并鼓励学生再次尝试，那么观摩教师就可以学习这种积极的评价方式，并将其应用到自己的教学实践中。

在评课环节中，观摩教师还可以与授课教师就如何制定科学的评价标准、如何运用多元化的评价方式等问题进行深入探讨。通过这种交流和讨论，教师可以不断提升自身的教学评价能力，为小学数学教学提供更加科学、有效的支持。

除了校内的听课评课活动外，教师还可以积极参加校外的教学观摩活动，如教学研讨会、教学比赛等。这些活动不仅可以让教师接触到更多的教学评价方法和策略，还能够为教师提供与同行交流和学习的机会。通过不断观摩和学习他人的教学实践，小学数学教师可以逐步领悟到教学评价的精髓，提升自身的评价能力。

三、自省自勉，积淀评价经验

自省自勉，是教师专业成长的内在驱动力。在小学数学教学中，教师需要经常对自己的评价行为进行深度反思，这不仅是为了总结成功的经验，更是为了发现存在的不足，并寻求改进之道。通过反思，教师可以更加清晰地认识到自己在评价方面的优势和劣势，进而调整和完善自己的评价策略。

在每一次课堂教学之后，教师应该静下心来，回顾自己的评价行为：哪些评价是恰当的，哪些可能过于严厉或过于宽松？学生的反应如何？是否达到了预期的教学效果？这样的自省过程有助于教师发现自己在评价中可能存在的盲点或误区。

例如，一位小学数学教师在教授《面积和周长的计算》课程时，发现部分学生在练习时出现了混淆。在课后反思中，她意识到自己在教学过程中可能过于强调对公式的记忆，而忽视了学生对概念的理解。于是，在下一次教学中，她调整了评价方式，更多地关注学生的理解过程，而不仅仅是答案的正确与否。

在反思过程中，教师还应注意将自己的评价经验进行理论升华，形成独特的教学风格和评价特色。这不仅有助于提升教学质量，还能够为教师的专业发展提供有力的支撑。例如，有的小学数学教师在长期的教学实践中逐渐形成了"启发式评价"的特色。他们在评价学生时不仅关注学生的答案是否正确，更注重引导学生发现问题、解决问题。

四、团队协作，共商评价大计

在小学数学教学中，团队协作是提升教师评价能力不可或缺的一环。教师可以通过团队互动，共享评价经验，共同探讨解决评价中遇到的问题，从而不断完善自己的评价体系和方法。

例如，在一个小学数学教研组中，教师们可以定期组织教研活动，专门讨论教学评价问题。在活动中，每位教师可以分享自己在教学中的评价经验，例如，如何制定评价标准、如何运用多元化的评价方式等。大家也可以提出自己在评价过程中遇到的困惑和难题，寻求团队的帮助和支持。

例如，在一次教研活动中，一位教师提出了自己在评价学生数学问题解决能力方面的困惑。她发现，有些学生虽然能够正确地解答问题，但似乎并不理解问题的本质，只是机械地套用公式或方法。对此，团队成员纷纷提出了自己的看法和建议。有的教师建议采用开放式问题来评价学生的问题解决能力，以便更好地了解学生的思维过程；有的教师则建议加强对学生解题思路的引导和反馈，帮助学生建立正确的数学模型。

通过这种团队协作的方式，教师们可以相互学习、相互启发，不断完善自己的评价策略和方法。团队协作还能够促进教师之间的交流与合作，形成良好的教研氛围。在这种氛围中，教师们可以更加积极地投入到教学评价的研究与实践中，不断提升自己的评价能力。

除了定期的教研活动外，教师们还可以利用课余时间进行非正式的交流和讨论。例如，在课间休息或午餐时间，教师们可以聚在一起谈论自己在教学中的心得体会，分享成功的案例和失败的教训。轻松愉快的交流方式有助于缓解

225

工作压力，增进同事之间的感情，同时也能够让教师们在不经意间获得新的教学灵感和评价思路。

五、课题研究，深化评价认知

参与课题研究，对于小学数学教师而言，是深化评价认知、提升评价能力的宝贵机会。课题研究不仅能让教师更深入地探索评价的理论基础和实践应用，还能帮助他们在实践中形成系统的评价思维，提升解决实际问题的能力。

例如，一位小学数学教师参与了《多元化评价方式在小学数学教学中的应用研究》课题，在课题研究过程中，该教师需要深入研究多元化评价方式的理论基础，探索其在小学数学教学中的实际应用。这不仅要求该教师具备扎实的专业知识，还需要他具备创新思维和实践能力。通过研究，该教师深刻认识到多元化评价方式在激发学生学习兴趣、提升学生自主学习能力方面的重要作用。他也发现了一些在实践中需要注意的问题，如评价标准的制定、评价方式的选择等。

在课题研究中，教师还可以与同行专家进行深入的交流和讨论，这不仅能拓展他们的评价视野，还能为他们提供更多的思路和灵感。通过与专家的交流，该教师了解到更多前沿的评价理念和方法，也解决了自己在实践中遇到的一些困惑和难题。

课题研究还能帮助教师形成系统的评价思维。在课题研究中，教师需要全面地思考问题，从多个角度出发，对评价进行全方位的分析和研究。这种思维方式不仅能让教师更加深入地了解评价的本质，还能提升他们解决实际问题的能力。通过课题研究，该教师逐渐形成了自己独特的评价思维体系，能够更加准确地把握学生的学习状况，提供更加个性化的教学方案。

参与课题研究需要教师具备较高的专业素养和研究能力，同时也需要他们具备团队合作精神和创新意识。在课题研究中，教师不断地学习和探索，不断地挑战自己，从而实现了自我突破和成长。通过参与课题研究，该教师不仅提升了自己的评价能力，还培养了自己的创新意识和团队合作精神，为未来的专业发展奠定了坚实的基础。

六、倾听学生，完善评价方式

学生的声音是教学评价中不可或缺的一部分。对于小学数学教师而言，倾听学生的反馈是完善评价方式、提升评价效果的关键。学生的真实想法和需求是教学评价的重要依据，只有充分了解学生的感受，教师才能制定出更加符合学生实际的教学方案，提供更加个性化的教学服务。

例如，一位小学数学教师在进行一次课堂教学后，主动向学生收集对教学评价的意见和建议。他发现，有些学生认为自己的评价方式过于单一，缺乏趣味性；有些学生则希望自己在评价中能够更加关注他们的学习过程，而不仅仅是结果。于是该教师开始反思自己的评价方式，并尝试引入多元化的评价手段，如使用游戏化的评价方式、开展小组合作评价等。这些改变不仅激发了学生的学习兴趣，还让他们更加积极地参与到教学评价中来。

学生的反馈还能帮助教师及时发现并解决评价中存在的问题和不足。例如，有一次，一位学生向该教师反映，他在课堂上的表现一直很好，但在某次评价中却得到了较低的分数，让他感到很沮丧。该教师立即查看了该生的评价记录，发现自己在评价中可能过于注重答案的正确性，而忽视了该生的思维过程和努力程度。于是他及时调整了自己的评价方式，更加注重学生的思维发展和努力程度，让评价更加全面、客观。

除了收集学生的反馈外，教师还可以通过观察学生的课堂表现、作业完成情况等途径了解学生的真实想法和需求。例如，该教师在观察中发现，有些学生在课堂上表现积极，但作业完成质量却不高。经过深入了解，他发现这些学生在完成作业时缺乏耐心和细心，导致错误率较高。于是他开始加强对学生作业完成过程的关注和指导，帮助他们养成良好的学习习惯和态度。

后 记

随着本书的落笔，我们深感一段充实而富有挑战的研究旅程告一段落。回顾这段时光，我们不仅对小学数学教学中的核心素养及其评价体系有了更为深刻的理解，也对未来的研究方向和实践应用充满了期待。

我们从核心素养的视角出发，对小学数学教学进行了全面而深入的探讨。我们首先解读了小学数学教学中的核心素养，并分析了其与教学评价的互动关联，指出了传统评价方式存在的问题与不足。在此基础上，我们提出了基于核心素养的小学数学评价理念，包括以学生发展为中心的评价理念，多元化、全面性的评价原则，重视过程与结果相结合的评价导向及基于学业质量标准的评价要求。

我们还构建了基于核心素养的小学数学评价体系，并详细阐述了其构建原则、基本框架、具体指标及其内涵解释、实施策略与方法。我们还分别探讨了小学数学课堂评价、作业与测试评价及实践活动评价的策略，力求为小学数学教师提供一套全面、实用的评价工具。

然而，任何研究都有其局限性。本书的研究主要基于理论分析和实践经验总结，缺乏大规模的实验验证。因此，在未来的研究中，我们希望能够通过更多的实证研究来验证和完善基于核心素养的小学数学评价体系。同时，我们也期待看到更多的研究者关注这一领域，共同推动小学数学教学的改革与发展。

在本书的研究过程中，我们与多位一线教师进行了沟通。不少教师普遍表示，评价策略研究具有很强的实用性和可操作性。他们认为，以学生发展为中心的评价理念有助于更加全面地了解学生的学习状况和发展需求；多元化、全面性的评价原则使得评价更加公正、客观；重视过程与结果相结合的评价导向有助于更加准确地评价学生的学习成果；基于学业质量标准的评价要求则为教

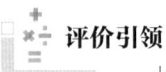

学提供了明确的指导方向。

学生也对本书提出的评价策略表示了认同。他们认为，课堂观察与实时反馈有助于他们及时了解自己的学习状况并做出调整；自评与互评的方式增强了他们的学习主动性和自我反思能力；教师评价与激励则让他们感受到了更多的关注和支持。

教师发现，在实践活动中，通过制定明确的实践活动评价标准，学生的学习积极性和参与度得到了显著提高。教师指导与家长参与的方式也使得实践活动更加丰富多彩，有助于培养学生的综合素质和实践能力。

当然，教师在实践过程中也遇到了一些挑战和问题。例如，如何更加科学地制定评价指标、如何更加有效地进行课堂观察与实时反馈、如何更加合理地设计作业与测试内容等。这些问题都需要我们在未来的研究中进一步探讨和解决。

展望未来，我们希望能够继续深化对基于核心素养的小学数学评价体系的研究。我们将致力于探索更加科学、有效的评价指标和方法，以更好地满足小学数学教学的实际需求。同时，我们也希望能够与更多的教育工作者和研究者合作，共同推动小学数学教学的改革与创新。

我相信，通过不断的探索和实践，我们能够构建更加完善、更加科学的教学评价体系，为培养更多具有核心素养的优秀人才做出更大的贡献。

最后，我要感谢所有参与本书研究和实践的教师、学生和家长们。是你们的支持和配合让我得以完成这项有意义的研究工作。我也期待在未来的日子里，能够继续与你们携手前行，共同创造更加美好的教育未来。

参考文献

［1］中华人民共和国教育部.义务教育数学课程标准［M］.北京：北京师范大学出版社，2022.

［2］吴钢.现代教育评价教程［M］.北京：北京大学出版社，2015.

［3］柳夕浪.学生综合素质评价［M］.上海：华东师范大学出版社，2016.

［4］郑东辉.教师评价素养发展研究［M］.杭州：浙江大学出版社，2014.

［5］崔允漷.基于标准的学生学业成就评价［M］.上海：华东师范大学出版社，2008.

［6］张震.新课程改革背景下小学数学发展性评价的实践研究［J］.小学生（中旬刊），2024（7）：34-36.

［7］李彩平.小学数学课堂教学评价的有效性研究［J］.山西教育（教学），2024（7）：63-64.

［8］王亚兰.作业有新意 学习有效率——小学低段数学实践性作业的设计与评价［J］.小学教学设计，2024（20）：68-70.

［9］梁小清.项目化教学模式在小学数学评价中的应用［J］.教育，2024（19）：24-26.

［10］谢静华.生活经验下的小学数学教学评价［J］.教育，2024（19）：60-62.

［11］高树传.核心素养下的小学数学多元化评价［J］.教育，2024（19）：27-29.

［12］吴小玲.小学数学"教—学—评"一体化教学评价探究［J］.家长，2024（19）：74-76.

［13］阚有凤.新课程理念下小学数学课堂教学评价体系实施策略研究［J］.教师，2024（18）：36-38.

[14]王磊."双减"政策背景下小学数学作业评价改进策略研究[J].中国多媒体与网络教学学报(下旬刊),2024(6):108-110+126.

[15]瞿书春."双减"背景下小学数学实践性作业设计研究[D].重庆三峡学院,2024.

[16]张萱华.新课程理念下小学数学课堂教学评价的实践与思考[J].家长,2024(17):96-98.

[17]申洪刚."双减"背景下小学数学作业的评价机制[J].今日教育,2024(6):70-71.

[18]刘伟.多元评价在小学数学课堂教学中的应用研究[J].华夏教师,2024(13):69-71.

[19]马勇爱.新课标下小学数学核心素养的培养路径分析[J].读写算,2024(26):68-70.

[20]魏艳艳.小学数学核心素养视野下高阶思维能力的培养[J].读写算,2024(26):74-76.

[21]王晓梅.核心素养导向下的课堂教学研究[J].陕西教育(教学版),2024(Z2):39-41.

[22]陈雅婷.素养导向下小学数学评价改革的探索与实践[J].陕西教育(教学版),2024(Z2):118-120.

[23]窦守平.核心素养理念下小学数学课堂的教学实践研究[N].科学导报,2024-07-30(B06).